CONTEÚDO DIGITAL PARA ALUNOS

Cadastre-se e transforme seus estudos em uma experiência única de aprendizado:

1

Entre na página de cadastro:

https://sistemas.editoradobrasil.com.br/cadastro

2

Além dos seus dados pessoais e dos dados de sua escola, adicione ao cadastro o código do aluno, que garantirá a exclusividade do seu ingresso à plataforma.

1426466A1375460

3

Depois, acesse:

https://leb.editoradobrasil.com.br/

e navegue pelos conteúdos digitais de sua coleção :D

Lembre-se de que esse código, pessoal e intransferível, é valido por um ano. Guarde-o com cuidado, pois é a única maneira de você acessar os conteúdos da plataforma.

CB037150

Editora
do Brasil

BRINCANDO COM OS NÚMEROS

ORGANIZADORA: EDITORA DO BRASIL

2

ENSINO
FUNDAMENTAL

5ª EDIÇÃO
SÃO PAULO, 2020

Editora
do Brasil

Dados Internacionais de Catalogação na Publicação (CIP)
(Câmara Brasileira do Livro, SP, Brasil)

Brincando com os números, 2 : ensino fundamental /
organização Editora do Brasil. -- 5. ed. --
São Paulo : Editora do Brasil, 2020. --
(Brincando com)

ISBN 978-85-10-08280-8 (aluno)
ISBN 978-85-10-08281-5 (professor)

1. Matemática (Ensino fundamental) I. Série.

20-37168   CDD-372.7

Índices para catálogo sistemático:

1. Matemática : Ensino fundamental   372.7
Maria Alice Ferreira - Bibliotecária - CRB-8/7964

Direção-geral: Vicente Tortamano Avanso

Direção editorial: Felipe Ramos Poletti
Gerência editorial: Erika Caldin
Supervisão de arte: Andrea Melo
Supervisão de editoração: Abdonildo José de Lima Santos
Supervisão de revisão: Dora Helena Feres
Supervisão de iconografia: Léo Burgos
Supervisão de digital: Ethel Shuña Queiroz
Supervisão de controle de processos editoriais: Roseli Said
Supervisão de direitos autorais: Marilisa Bertolone Mendes

Supervisão editorial: Rodrigo Pessota
Edição: Katia Simões de Queiroz e Maria Amélia de Almeida Azzellini
Assistência editorial: Juliana Bomjardim, Viviane Ribeiro e Wagner Razvickas
Especialista em copidesque e revisão: Elaine Silva
Copidesque: Gisélia Costa, Ricardo Liberal e Sylmara Belletti
Revisão: Amanda Cabral, Andréia Andrade, Fernanda Almeida, Fernanda Sanchez, Flávia Gonçalves,
Gabriel Ornelas, Jonathan Busato, Mariana Paixão, Martin Gonçalves e Rosani Andreani
Pesquisa iconográfica: Daniel Andrade
Assistência de arte: Daniel Campos Souza
Design gráfico: Cris Viana
Capa: Megalo
Edição de arte: Samira de Souza
Imagem de capa: Elvis Calhau
Ilustrações: Anderson Cássio, Carlos Jorge, Cláudia Marianno, Danillo Souza, Denis Cristo, Desenhorama,
Eduardo Belmiro, Flip Estúdio, Henrique Jorge, Lilian Gonzaga, Marco Cortez, Márcio Castro, Rodrigo Alves,
Ronaldo César e Saulo Nunes
Produção cartográfica: DAE (Departamento de Arte e Editoração)
Editoração eletrônica: Adriana Tami Takayama, Armando F. Tomiyoshi, Bruna Pereira de Souza, Elbert Stein,
Mario Junior, Viviane Yonamine e Wlamir Miasiro
Licenciamentos de textos: Cinthya Utiyama, Jennifer Xavier, Paula Harue Tozaki e Renata Garbellini
Controle de processos editoriais: Bruna Alves, Carlos Nunes, Rita Poliane,
Terezinha de Fátima Oliveira e Valéria Alves

5ª Edição / 4ª Impressão, 2023
Impresso na Gráfica Elyon

Editora do Brasil

Rua Conselheiro Nébias, 887
São Paulo, SP – CEP: 01203-001
Fone: +55 11 3226-0211
www.editoradobrasil.com.br

APRESENTAÇÃO

Querido aluno,

Pensando em seu aprendizado e nas muitas conquistas que virão no futuro, escrevemos este livro especialmente para você!

Ele será um grande apoio na busca do conhecimento. Utilize-o para aprender cada vez mais na companhia de professores, colegas e de outras pessoas de sua convivência.

A matemática oferece muito para você. Com ela, você explora o mundo, percebe o espaço a sua volta, conhece formas e cores, e ainda resolve problemas. Uma infinidade de conhecimentos está por vir e queremos guiá-lo passo a passo nessa jornada!

Com carinho,
Editora do Brasil

SUMÁRIO

Cláudia Marianno

1 Para comemorar o início do ano, a direção da escola organizou brincadeiras no pátio da escola. Observe:

a) Os alunos estão organizados em grupos, conforme a brincadeira. Com o lápis, faça um círculo em cada grupo.

Quantos grupos você identificou? _____

b) Em que brincadeira há menos participantes? _____

c) Em que brincadeira há mais participantes? _____

d) Quantos alunos estão no grupo da amarelinha? _____

e) Quantos alunos estão no grupo de pular corda? _____

2 Seu João vende rosas. Ele as organiza em cestos por cores.

a) Conte e escreva nos ☐ a quantidade de rosas de cada cesto.

b) Qual é a cor das rosas do cesto em que há a maior quantidade?

_____

c) Em que cesto há a menor quantidade?

_____

d) Há cestos com a mesma quantidade de rosas? Se sim, quais?

_____

e) Quantas rosas há ao todo na banca?

_____

f) Pinte as rosas ao lado de acordo com a legenda.

 3   4   1

Quantas rosas você pintou ao todo?

_____

3 Depois do lanche, os alunos do 2º ano foram brincar no parquinho. Observe como eles se divertem.

Denis Cristo

a) Desenhe uma árvore atrás do balanço.

b) Desenhe uma bola embaixo do escorregador.

c) Observe a criança de camiseta vermelha brincando de roda e marque um **X** no quadrinho conforme a cor da camiseta da criança que está:

■ à esquerda dela;

■ à direita dela;

■ na frente dela.

d) Desenhe uma pipa acima da criança de boné verde.

e) Assinale a criança que está no canto esquerdo da imagem.

Zoológico engraçado

– Olha a zebra de chapéu! – gritou seu Manoel.

– Vem ver a onça de batom! – respondeu dona Bombom.

– Cada macaco no seu galho! – gritou seu Januário.

– Vem ver a cobra de unha pintada! – berrou dona Maria, irritada.

– Mas desde quando cobra tem unha?

E todos caíram na gargalhada...

Texto escrito especialmente para esta obra.

Henrique Jorge

4 Observe os hipopótamos e complete a frase a seguir.

Cláudia Marianno

Dentro da água, estão ____ hipopótamos e fora da água estão ____. Por isso, há mais hipopótamos _____ da água do que _____.

5 Olha o viveiro de cobras! Pinte de azul a cobra mais **comprida** e de vermelho a cobra mais **curta**. Depois complete a frase com **mais** ou **menos**.

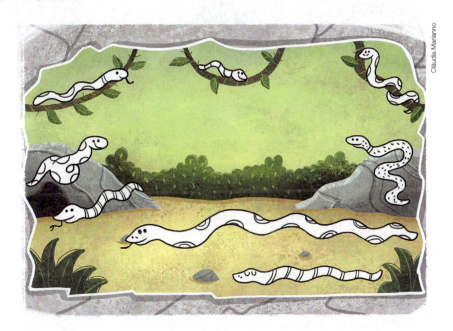

Nesse viveiro há _____ de 10 cobras.

6 Cubra os caminhos para chegar até a lanchonete do zoológico com o lápis de cor indicado.

7 Na lagoa do zoológico, vivem dezenas de peixes.

Cláudia Marianno

a) Complete o quadro a seguir com as quantidades corretas.

	Quantidade
Crianças	
Peixes vermelhos	
Peixes amarelos	
Peixes verdes	

b) Agrupe os peixes do aquário de 10 em 10.

c) Quantas dezenas de peixes vermelhos você formou?

_____

d) Quantas dezenas de peixes amarelos você formou?

_____

e) Quantos peixes verdes há no aquário? _____

f) Quantos peixes há ao todo no aquário? _____

g) Quantos peixes faltam para formar uma dezena de peixes

verdes? _____

8 Observe as cenas a seguir, pense em como cada produto é vendido e pinte de acordo com a legenda.

🔴 metro   🔵 quilograma   🟡 litro

BATATA

ARAME

13

9 Veja os folhetos de duas lojas que vendem o mesmo produto.

a) Em qual loja a boneca está mais barata?

_____

b) Em qual loja o carrinho está mais caro?

_____

c) Qual é a diferença de preço do jogo da memória nas lojas?

_____

d) Em qual loja você economizaria se comprasse o jogo da memória?

_____

e) Qual é o item mais caro e em que loja ele está?

_____

NÚMEROS

Os números no cotidiano

Os números foram criados há muitos anos por causa da necessidade que o ser humano tem de contar, registrar e representar quantidades.

Atualmente utilizamos números nas mais diversas situações e, muitas vezes, nem percebemos. Observe a seguir exemplos do dia a dia em que usamos números.

> Os números estão em todos os lugares e em tudo o que fazemos. Basta observar com atenção.

Denis Cristo

Nas compras.

No calendário.

Para medir nossa massa.

Para indicar as horas.

Para indicar localização.

Para indicar os andares de um prédio.

Os números podem ser representados por **símbolos**, como os **algarismos**.

Existem **dez** algarismos:

Carlos Jorge

Com esses algarismos, podemos representar qualquer quantidade. Mas há outras formas de representar quantidades. Podemos usar, por exemplo, objetos, partes do corpo ou códigos. Veja:

Se tiro 3 de 6, fico com 3.

Juntando 3 com 3, tenho 6.

Ilustrações: Denis Cristo

1 Vamos lembrar como os números são representados com algarismos e escrever as quantidades?

Observe a quantidade de ovos no ninho e complete as pautas.

Ilustrações: Lilian Gonzaga

a)

0 -

zero -

b)

1 -

um -

c)

2 -

dois -

d)

3 -

três -

e)

4 -

quatro -

f)

5 -

cinco -

g)

6 -

seis -

h)

7 -

sete -

i)

8 -

oito -

j)

9 -

nove -

Ilustrações: Lilian Gonzaga

2 As crianças estão brincando de "caça ao tesouro". Observe o exemplo e responda:

Quem dará mais passos para chegar ao tesouro? _____

Quem dará menos passos para chegar ao tesouro? _____

Quais crianças precisarão dar a mesma quantidade de passos para chegar ao tesouro? _____

Quem está mais longe do tesouro? _____

3 Siga as dicas e escreva o nome das crianças.

João está entre Maurício e Moisés. Não há ninguém do lado direito de Maurício. Moisés tem amigos do seu lado direito.

Agrupamento

Fernanda coleciona figurinhas desde pequenininha. Ela tem figurinhas de vários tipos, tamanhos e cores. Veja:

Cláudia Marianno

> Damos o nome de **conjunto** a todo **grupo** ou **coleção**.

1 Luciano tem uma coleção de livros. Contorne os elementos que não fazem parte da coleção dele.

Lílian Gonzaga

2 Observe as cestas que as crianças vão trazer para a festa da escola e anote a quantidade de frutas que cada uma tem.

Juliana ☐   Ricardo ☐   Orlando ☐

Qual das crianças tem a cesta com mais frutas? _____

Quais crianças carregam cestas com a mesma quantidade de frutas? _____

Distribua nas cestas a mesma quantidade de frutas.

Quantas frutas você colocou em cada cesta? _____

Você formou ☐ grupos de ☐ frutas.

Comparando números

Igual ou diferente

Renato lançou dois dados. Observe os resultados:

4 **é igual a** 4

Renato continuou lançando os dois dados. Veja o resultado que ele obteve dessa vez:

3 **é diferente de** 5

Usamos o sinal = para indicar que uma quantidade é igual a outra.

4 **é igual a** 4
4 = 4

Usamos o sinal ≠ para indicar que uma quantidade é diferente de outra.

3 **é diferente de** 5
3 ≠ 5

ATIVIDADES

1 Adriana elaborou um gráfico para indicar a quantidade de flores diferentes que ela encontrou no jardim de sua avó. Observe o gráfico.

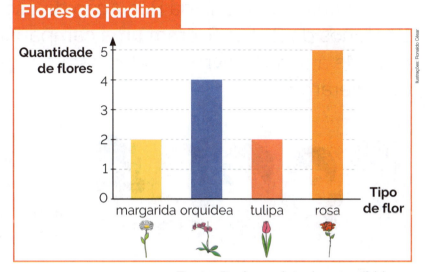

Flores do jardim

Fonte: Dados coletados por Adriana.

Agora complete as frases.

a) No jardim, há ____ margaridas.

b) Há ____ orquídeas no jardim.

c) Há ____ rosas a mais que tulipas.

d) Há exatamente a mesma quantidade de _____ e _____, ou seja, ____ flores de cada tipo.

2 Preencha o quadro com as quantidades encontradas no gráfico acima. Depois, compare com a quantidade apresentada e coloque os sinais = ou ≠.

	Quantidade	= ou ≠	Quantidade
	2		
	4		
	5		
	2		

Ordem crescente e ordem decrescente

Durante a Semana da Boa Ação da escola Brincar e Aprender, 10 alunos do 2º ano fizeram uma campanha no bairro onde moram a fim de arrecadar livros usados para doação. Veja os livros que eles recolheram:

Os livros estão organizados em **ordem crescente** de quantidade. Agora observe os números a seguir:

$$0 - 1 - 2 - 3 - 4 - 5 - 6 - 7 - 8 - 9$$

Dizemos que eles estão na **ordem crescente** porque se organizam na sequência da **menor** quantidade para a **maior** quantidade.

Para dar continuidade à campanha, os alunos resolveram arrecadar também agasalhos usados para doar a instituições de caridade. Veja as quantidades de agasalhos que eles arrecadaram:

| 0 | 1 | 2 | 3 | 4 | 5 | 6 | 7 | 8 | 9 |

Observando as quantidades de agasalhos arrecadados, podemos dizer que os alunos também organizaram as peças em ordem crescente de quantidade.

Para indicar que um número é menor que outro, usamos o símbolo <. Exemplo:

> **3 é menor que 4**
> 3 < 4

Podemos representar as quantidades de agasalhos arrecadados pelos alunos do 2º ano assim:

> 0 < 1 < 2 < 3 < 4 < 5 < 6 < 7 < 8 < 9

Os alunos do 3º ano também participaram da campanha de arrecadação de agasalhos. Eles conseguiram recolher os agasalhos mostrados a seguir.

9   8   7   6   5   4   3   2   1   0

Podemos dizer que os alunos do 3º ano organizaram os agasalhos em **ordem decrescente** de quantidade.

Os números anotados abaixo das pilhas de agasalhos estão em **ordem decrescente** porque estão organizados do **maior** para o **menor**.

Para indicar que um número é maior que outro, usamos o símbolo >. Exemplo:

> **8 é maior que 5**
> 8 > 5

Podemos representar as quantidades de agasalhos arrecadados pelos alunos do 3º ano assim:

> 9 > 8 > 7 > 6 > 5 > 4 > 3 > 2 > 1 > 0

Durante a Semana Sustentável da escola Brincar e Aprender, foram arrecadadas latinhas de alumínio e garrafas PET.

1 Observe e escreva nos quadros a quantidade de latinhas que cada aluno arrecadou.

Luana	Gustavo	Duda

Jacó	Mariana	Carlos

João	Lúcia	Pedro

a) Organize os números que você escreveu em ordem crescente. Use o símbolo < entre eles.

_____

_____

b) Qual aluno arrecadou mais latinhas?

_____

c) Use o símbolo > e escreva as quantidades arrecadadas por Lúcia e Pedro. Qual dos dois arrecadou mais latinhas?

_____

2 Agora, observe e escreva nos quadros a quantidade de garrafas PET que cada aluno arrecadou.

Luana	Gustavo	Duda

Ilustrações: Desenhorama

Jacó	Mariana	Carlos

João	Lúcia	Pedro

a) Organize os números que você escreveu em ordem decrescente. Use o símbolo > entre eles.

_____

_____

b) Qual aluno arrecadou menos garrafas?

_____

c) Use o símbolo < e escreva as quantidades arrecadadas por Carlos e Duda. Qual dos dois arrecadou mais garrafas?

_____

3 Complete a sequência de números com os sinais < ou >.

4 _____ 7 _____ 6 _____ 5 _____ 8

 **PROBLEMAS**

1 Luan ganhou 3 revistas de quadrinhos e Alana ganhou 4 revistas a mais.

a) Quantas revistas Alana ganhou? _____

b) Compare as quantidades de revistas dos dois amigos usando os símbolos < ou >. _____

 PEQUENO CIDADÃO

Produto reciclável

Existem alguns produtos que são recicláveis. Isso significa que eles podem ser transformados em um novo produto.

"Embalagens longa vida, por exemplo, podem ser processadas e se tornam telhas. As latinhas de alumínio podem se transformar em componentes de automóveis. O jornal é usado em caixas de ovos e as garrafas PET viram componentes de vestuário. Utensílios plásticos viram banco de praça", conta André Vilhena, diretor do Compromisso Empresarial para Reciclagem (Cempre).

Ricardo Morato. Entenda a diferença entre materiais biodegradáveis, recicláveis e reutilizáveis. *Yahoo Finanças*, São Paulo, 23 jul. 2018. Disponível em: https://br.financas.yahoo.com/noticias/%E2%80%A8entenda-diferenca-entre-materiais-biodegradaveis-reciclaveis-e-reutilizaveis-162016033.html. Acesso em: 2 mar. 2020.

Com a ajuda de um familiar, escreva o nome de 3 produtos utilizados em sua casa que podem ser reciclados.

_____

_____

NUMERAÇÃO DECIMAL

Unidades e dezenas

As formigas trabalhadoras

Todas as manhãs
elas se encontram na floresta,
e não é para passear
nem para fazer festa.

As formigas trabalhadoras
saem à procura de suas folhas:
1, 2, 3, 4, 5, 6, 7, 8, 9 e 10.
Depois de um dia inteiro,
é hora de guardar no formigueiro.

Texto escrito especialmente para esta obra.

Veja quantas formigas vão para o formigueiro:

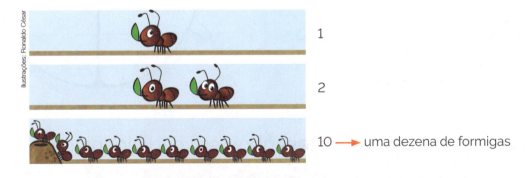

Ilustrações: Rionaldo César

1

2

10 ⟶ uma dezena de formigas

Dez unidades formam uma **dezena**.
10 unidades = 1 dezena

29

ATIVIDADES

1 Veja a dona Joaninha. Está toda feliz com suas bolinhas.

Cada bolinha representa uma unidade. Complete a frase a seguir.

Dona Joaninha tem ⬜ unidades de bolinhas em suas asas.

a) Quantas bolinhas faltam para dona Joaninha ter uma dezena?

_____

b) Desenhe 2 dezenas de bolinhas nas joaninhas a seguir. Mas atenção: cada asinha deve ter a mesma quantidade de bolinhas.

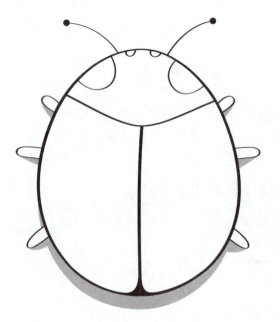 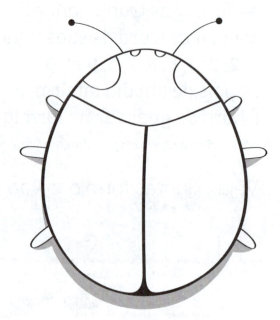

c) Quantas bolinhas você desenhou em cada joaninha?

_____

d) Quantas bolinhas você desenhou em cada asinha?

_____

Ilustrações: Lilian Gonzaga

2 Observe quantas garrafas de água há em cada engradado e anote as quantidades nos quadrinhos. Faça como no exemplo.

[16] unidades = [1] dezena e [6] unidades

a) [ ] unidades = [ ] dezena e [ ] unidades

b) [ ] unidades = [ ] dezena e [ ] unidades

3 Desenhe até completar:

a) 1 dezena e 1 unidade de cabides;

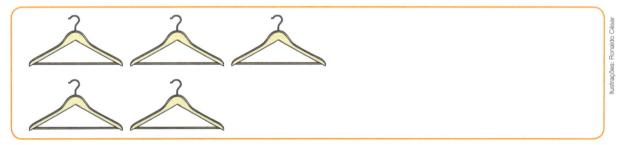

b) 1 dezena e 6 unidades de canecas.

+2 1 PROBLEMAS

1 Luana organizou seus livros em duas prateleiras, uma delas com 1 dezena de livros e a outra com 8 unidades. Quantos livros Luana organizou?

Ilustrações: Cláudia Marianno

_____

_____

2 No sítio de dona Zazá, há 1 dezena e 3 unidades de galinhas. Quantas galinhas há no sítio?

_____

_____

3 Ruth comprou duas caixas com 6 unidades de bombons em cada uma. Complete a frase a seguir.

Ruth comprou ⬜ unidades ou ⬜ dezena e ⬜ unidades de bombons.

Material Dourado

O Material Dourado auxilia na compreensão do Sistema de Numeração Decimal (SND).

Utilizamos o cubinho do Material Dourado para representar 1 unidade e a barra para representar 1 dezena.

1 Faça o que se pede a seguir.

a) Pinte os cubinhos até formar 1 dezena.

b) A quantas dezenas e unidades corresponde a quantidade total de cubinhos apresentada acima?

_____

2 Agrupe os peixinhos de 10 em 10 para soltá-los no rio. Depois responda às questões.

Ilustrações: Ronaldo César

a) Quantos grupos de 10 você formou? _____

b) Quantos peixinhos sobraram? _____

c) Quantos peixinhos há no total? _____

O **número 10** é formado por **dois algarismos**.
Cada algarismo representa uma ordem.

A primeira é a ordem das **unidades**.
A segunda é a ordem das **dezenas**.

Podemos representá-las no quadro de ordens. Observe:

2ª ordem	1ª ordem
Dezenas	Unidades
1 barra equivale a 1 dezena	10 cubos equivalem a 10 unidades

O número **13** é formado por 1 dezena e 3 unidades. Observe:

2ª ordem	1ª ordem
Dezenas	Unidades
1	3

1 dezena + 3 unidades = 13 unidades

10 + 3 = 13

 **DESAFIO**

1 Desenhe barras e cubinhos no caderno para representar os números de 12 a 19.

Representando com o Material Dourado:

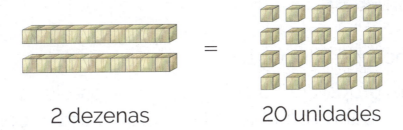

2 dezenas   =   20 unidades

1 Represente as quantidades a seguir utilizando o Material Dourado. Faça como no exemplo.

2 dezenas e 2 unidades

Dezenas	Unidades

= 22 unidades

a) 2 dezenas e 5 unidades

Dezenas	Unidades

= _____

b) 2 dezenas e 8 unidades

Dezenas	Unidades

= _____

1 Vamos brincar de "Nunca 10".

1. Forme um grupo com 3 colegas. Vocês precisarão de cubinhos e barras do Material Dourado e um dado.

2. Na primeira rodada, cada grupo deve lançar o dado e representar, com os cubinhos, o número tirado.

3. Na segunda rodada, os grupos repetem o processo, somam os pontos obtidos com os pontos do lançamento anterior e representam o total com o Material Dourado.

4. Se o total de pontos ultrapassar o número 10, será necessário trocar 10 cubinhos por uma barra.

5. A cada rodada, os grupos devem lançar o dado e ir somando os pontos até obter o número 20 (ou seja, 2 barras do Material Dourado).

6. Ganhará o grupo que formar exatamente o número 20.

Anderson Cássio

Representando com o Material Dourado:

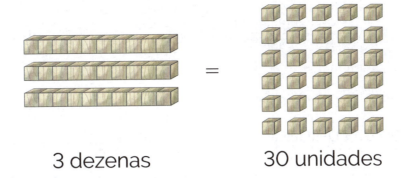

3 dezenas   =   30 unidades

1 Represente as quantidades a seguir utilizando o Material Dourado. Faça como no exemplo.

3 dezenas e 1 unidade

Dezenas	Unidades

= 31 unidades

a) 3 dezenas e 5 unidades

Dezenas	Unidades

= _____

b) 3 dezenas e 7 unidades

Dezenas	Unidades

= _____

2 Complete como no exemplo.

> 3 dezenas e 4 unidades = 34 unidades

a) 3 dezenas e 2 unidades = _____

b) 3 dezenas e 6 unidades = _____

c) 3 dezenas e 9 unidades = _____

3 Preencha os quadrinhos de acordo com as quantidades.

a)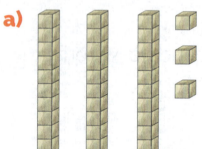

b)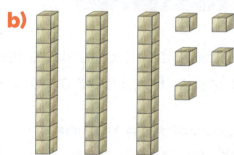

☐ dezenas e ☐ unidades   ☐ dezenas e ☐ unidades

4 Vamos representar os números no quadro de ordens? Faça como no exemplo.

31
D	U
3	1

a) 38
D	U

b) 34
D	U

c) 30
D	U

Representando com o Material Dourado:

 =

4 dezenas   40 unidades

5 Faça como no exemplo.

4 dezenas e 4 unidades

Dezenas	Unidades
. . . .	. . . .

= 44 unidades

a) 4 dezenas e 6 unidades

Dezenas	Unidades

= _____

b) 4 dezenas e 9 unidades

Dezenas	Unidades

= _____

6 Vamos representar os números no quadro de ordens? Faça como no exemplo.

49
D	U
4	9

a) 35
D	U

b) 42
D	U

c) 33
D	U

Representando com o Material Dourado:

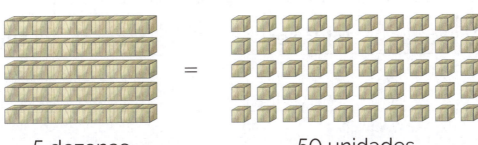

5 dezenas   =   50 unidades

7 Relacione as colunas.

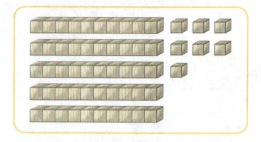

53

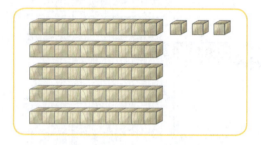

56

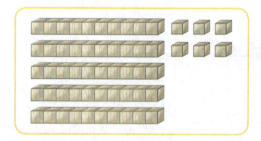

57

8 Observe o exemplo e complete os quadros.

5 dezenas e 4 unidades

Dezenas	Unidades
. . . . .	. . . .

= 54 unidades

a) 5 dezenas e 8 unidades

Dezenas	Unidades

= _____

b) 5 dezenas e 1 unidade

Dezenas	Unidades

= _____

9 Observe as quantidades mostradas pela professora Diana e preencha os quadrinhos.

a)

Ilustrações: Anderson Cássio

☐ dezenas + ☐ unidades

b)

☐ dezenas + ☐ unidades

Representando com o Material Dourado:

6 dezenas   =   60 unidades

+2/1 PROBLEMAS

1 Escreva, primeiro, usando algarismos e, depois, por extenso, os números representados com Material Dourado.

a)

☐ _____

b)

☐ _____

2 Seu Gilmar trabalha em uma gráfica e percebeu que houve um problema na hora de imprimir os livros de Matemática. Os números que indicam as unidades nos quadros a seguir não saíram. Conte as peças do Material Dourado e descubra os números que faltam.

a)

Dezenas	Unidades
6	

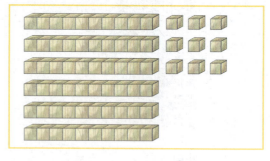

b)

Dezenas	Unidades
6	

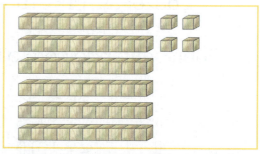

3 A idade de dona Zazá pode ser escrita usando 6 dezenas e 6 unidades. Já a idade de dona Zezé pode ser escrita com apenas 6 dezenas. Dona Zizi, a mais velha de todas, tem idade igual à de dona Zazá mais 3 unidades.

Márcio Castro

a) Quantos anos dona Zizi tem? _____

b) Complete o quadro de ordens a seguir com a idade das três amigas.

	Dezenas	Unidades
Dona Zazá	6	
Dona Zezé	6	
Dona Zizi	6	

4 Complete as sequências com o número que vem antes e com o número que vem depois.

a) ☐ 61 ☐   **c)** ☐ 68 ☐   **e)** ☐ 65 ☐

b) ☐ 63 ☐   **d)** ☐ 62 ☐   **f)** ☐ 67 ☐

5 Desenhe o Material Dourado para completar as quantidades indicadas a seguir.

a) 63

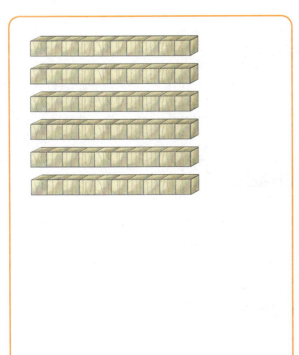

b) 65

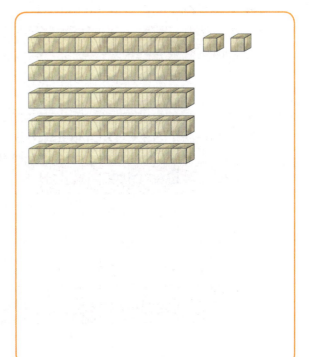

Representando com o Material Dourado:

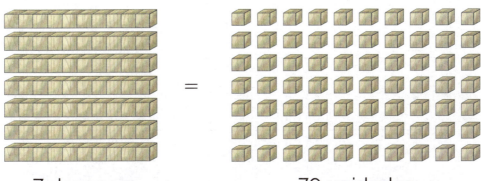

7 dezenas   70 unidades

1 Observe o exemplo e continue completando.

7 dezenas e 3 unidades

Dezenas	Unidades
. . . .	. . .

= 73 unidades

a) 7 dezenas e 8 unidades

Dezenas	Unidades

= _____

b) 7 dezenas e 5 unidades

Dezenas	Unidades

= _____

c) 7 dezenas e 2 unidades

Dezenas	Unidades

= _____

2 Escreva a quantidade de dezenas e de unidades.

a) 79

_____

b) 77

_____

c) 73

_____

3 Complete a sequência escrita na faixa de cada criança.

a)

[ ] 71 [ ]

b)

[ ] 78 [ ]

Ilustrações: Rodrigo Alves

4 Desenhe o Material Dourado até completar as quantidades indicadas. Depois escreva os números representados por extenso.

a)
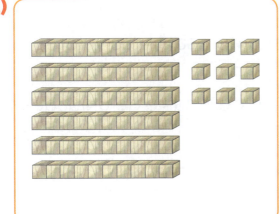

79 = _____

b)
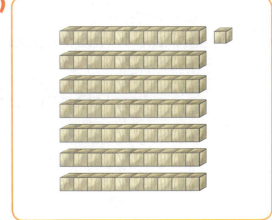

76 = _____

DESAFIO

1 Para uma festa, foram encomendados 70 beijinhos e 7 dezenas de brigadeiros. Qual encomenda foi maior: a de beijinhos ou a de brigadeiros?

_____

_____

Ananda Quintas/Shutterstock.com

Representando com o Material Dourado:

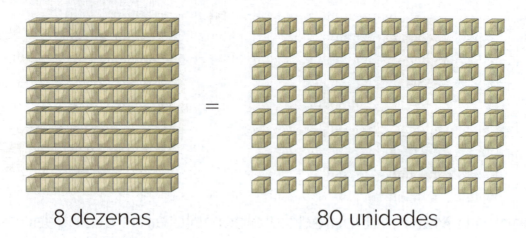

8 dezenas = 80 unidades

1 Desenhe o Material Dourado para representar os valores a seguir.

Depois complete a quantidade de dezenas e de unidades.

a) 87

b) 81

[   ] dezenas e [   ] unidades

[   ] dezenas e [   ] unidade

2 Complete as sequências com o número que vem antes e com o número que vem depois.

a) ☐ 83 ☐   c) ☐ 88 ☐

b) ☐ 81 ☐   d) ☐ 86 ☐

3 Continue desenhando até completar os valores. Depois escreva no quadrinho o valor representado usando algarismos.

a) 8 dezenas

☐

b) 8 dezenas e 6 unidades

☐

4 Represente os números a seguir no quadro de ordens. Faça como no exemplo.

82

D	U
8	2

a) 89

D	U

b) 83

D	U

c) 80

D	U

5 Cassiane faz sabonetes para vender. Ela dispôs 10 sabonetes em cada caixa. Sabendo que Cassiane utilizou 8 caixas para colocar todos os sabonetes que fez e que ainda sobraram 7 unidades, quantos sabonetes ela fez ao todo?

Márcio Castro

Represente a quantidade com desenhos e com algarismos.

Dica: Você pode utilizar um [_____] para representar uma caixa e uma ◯ para representar um sabonete.

6 Complete o quadro com os números que faltam e, depois, faça o que se pede.

0	1								
			13	14					
									29
30									
				45	46	47			
		52	53						
60	61							68	69
			74						
		82			85			88	
		93	94						99

a) Pinte de ⬤ o número formado por 1 dezena e 7 unidades.

b) Pinte de ⬤ o número formado por 3 dezenas e 4 unidades.

c) Pinte de ⬤ o número formado por oito dezenas e oito unidades.

d) Pinte de ⬤ o número formado por duas dezenas e uma unidade.

e) Marque um **X** no número formado por exatamente 5 dezenas.

f) Circule todos os números que são formados por menos de 1 dezena.

g) Risque todos os números que são formados por 1 dezena.

Os números formados por 2 algarismos, sendo zero o algarismo da ordem das unidades, são denominados **dezenas exatas**.

7 Ainda sobre o quadro da atividade 6:

a) Qual é o menor número? _____

b) E o maior? _____

c) Escreva todas as dezenas exatas.

_____

d) O que você percebeu que há em comum nos números em cada coluna?

_____

e) E nas linhas?

_____

8 Agrupe as 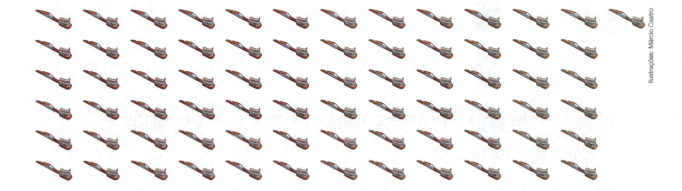 de 10 em 10, contornando cada agrupamento.

Ilustrações: Márcio Castro

9 Decomponha os números.

D	U	

39 ➞ 3 | 9   3 dezenas e 9 unidades

42 ➞ ____ | ____   _____

68 ➞ ____ | ____   _____

1 Juliana fez 8 dezenas e 6 unidades de salgados para a festa de seu sobrinho. Quantos salgados ela fez?

Ilustrações: Cláudia Marianno

---

2 Juliana convidou para a festa 30 pessoas e comprou um chapéu para cada convidado. Quantas dezenas de chapéus Juliana comprou para a festa?

---

3 Juliana comprou alguns docinhos, sendo 40 brigadeiros e 30 cajuzinhos. Quantas dezenas de docinhos Juliana comprou ao todo?

---

1 É hora de brincar de "memória dourada". Nesse jogo da memória, além de cartas com números, haverá cartas com desenhos das peças do Material Dourado.

1. Forme dupla com um colega. Escolham quem recortará as cartas da **página 201** para iniciar o jogo.

2. Embaralhem as cartas com as informações viradas para baixo, espalhando-as sobre a mesa.

3. O primeiro jogador deve escolher duas cartas, uma de cada grupo, e virá-las ao mesmo tempo para cima.

4. Se o número escrito com algarismos corresponder ao número formado com o Material Dourado, as cartas formam par e devem ser guardadas pelo jogador. Se não corresponderem ao mesmo número, cada carta deve ser devolvida a seu grupo e todas devem ser embaralhadas novamente.

5. Vencerá quem formar o maior número de pares.

Anderson Cássio

ADIÇÃO

As ideias da adição

Marina estava olhando seu armário e percebeu que tinha **5 blusas** de manga curta e **4 blusas** de manga comprida.

Saulo Nunes

A operação feita para saber quantas blusas Marina tem no total é a adição:

$$5 + 4 = 9$$

Portanto, Marina tem **9 blusas**.

> Quando **juntamos** quantidades ou **acrescentamos** uma quantidade a outra, efetuamos uma operação matemática chamada **adição**.

Acompanhe outros exemplos na página seguinte.

Juntando quantidades

No parque, 4 crianças estão no gira-gira e 3 crianças estão no balanço. Quantas crianças estão brincando?

Para responder a essa pergunta, efetuamos uma adição: juntamos a quantidade de crianças que brincam no gira-gira com a quantidade de crianças que brincam no balanço.

4 **mais** 3 **é igual a** 7

Acrescentando uma quantidade a outra

Mais uma criança chegou para brincar no parquinho. Quantas crianças vão brincar agora?

Para responder a essa pergunta, também efetuamos uma adição: acrescentamos uma quantidade a outra.

7 **mais** 1 **é igual a** 8

O sinal da adição é **+**, o qual se lê **mais.**
A adição é representada das seguintes maneiras:

$$7 + 1 = 8$$

7	→ parcela
+ 1	→ parcela
8	→ soma ou total

ATIVIDADES

1 Observe quantos animais há em cada item e efetue a adição.

a)  mais

Ilustrações: Eduardo Belmiro

_____

b)  mais

_____

c)  mais

_____

d)  mais

_____

2 Observe a quantidade de flores em cada vaso e efetue as adições, como no exemplo.

$$\begin{array}{r} 3 \\ + \ 1 \\ \hline 4 \end{array}$$

b)

d)

Ilustrações: Eduardo Belmiro

a)

c)

e)

55

3 Lucas ganhou um jogo de fichas coloridas. Ele teve uma ideia: usar as fichas para montar um quadro de adição.

Observe, no primeiro quadro, como ele distribuiu as fichas em cada linha. Depois, escolha duas cores e pinte os outros quadros de acordo com as operações anotadas ao lado de cada linha; assim você obterá os resultados indicados.

1 + 4
2 + 3
3 + 2
4 + 1
5 + 0

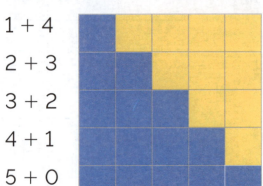

a) 1 + 5
2 + 4
3 + 3
4 + 2
5 + 1
6 + 0

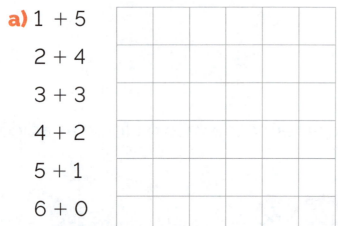

b) 1 + 6
2 + 5
3 + 4
4 + 3
5 + 2
6 + 1
7 + 0

c)
1 + 7
2 + 6
3 + 5
4 + 4
5 + 3
6 + 2
7 + 1
8 + 0

d)
1 + 8
2 + 7
3 + 6
4 + 5
5 + 4
6 + 3
7 + 2
8 + 1
9 + 0

4 Complete todas as fichas para que as somas fiquem corretas.
Atenção! Não pode haver duas fichas iguais.

☐ + ☐ = 9   ☐ + ☐ = 9   ☐ + ☐ = 9

☐ + ☐ = 9   ☐ + ☐ = 9   ☐ + ☐ = 9

☐ + ☐ = 9   ☐ + ☐ = 9   ☐ + ☐ = 9

5 Observe as crianças que brincam no jardim e responda às perguntas.

a) Quantas bolas há na cena? E quantos aviões?

Márcio Castro

_____

b) Quantos brinquedos há no total? Escreva a adição que você fez para chegar a esse resultado.

_____

6 Encontre o número que falta para completar as adições.

a)
$$\begin{array}{r} 2 \\ + \ 3 \\ \hline \boxed{} \end{array}$$

b)
$$\begin{array}{r} 7 \\ + \ \boxed{} \\ \hline 8 \end{array}$$

c)
$$\begin{array}{r} \boxed{} \\ + \ 3 \\ \hline 6 \end{array}$$

d)
$$\begin{array}{r} \boxed{} \\ + \ 0 \\ \hline 4 \end{array}$$

7 Observe as adições e descubra qual é o número representado por .

a) 2 + 3 =   **b)** + 3 = 8 **c)** + 4 = 9 **d)** 0 + = 5

Ilustração: Lilian Gonzaga

 **DESAFIO**

1 Forme dupla com um colega e, juntos, completem os quadros a seguir.

a)

+	0	2	4	6
1				
2				
3				

b)

+	0	1	3	5
2				
3				
4				

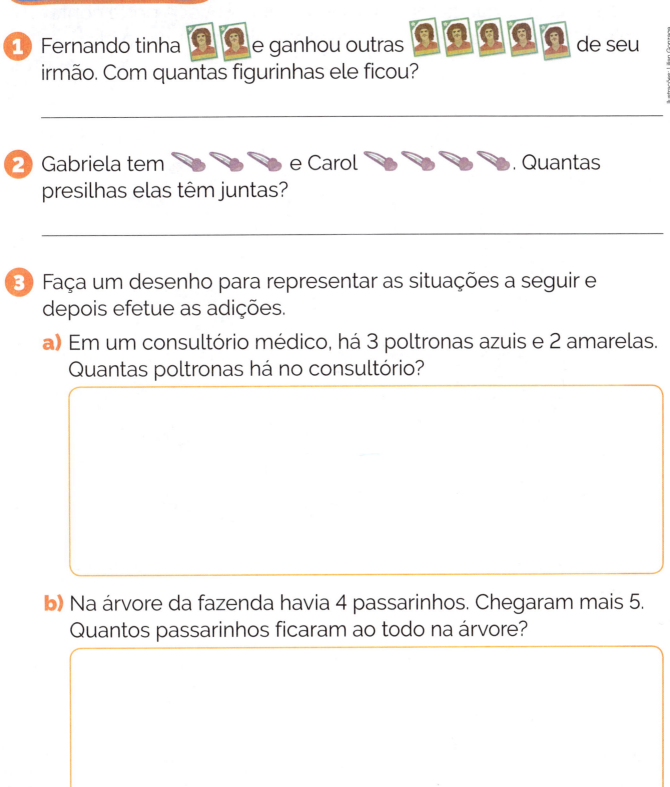

1 Fernando tinha e ganhou outras de seu irmão. Com quantas figurinhas ele ficou?

Ilustrações: Lilian Gonzaga

_____

2 Gabriela tem e Carol . Quantas presilhas elas têm juntas?

_____

3 Faça um desenho para representar as situações a seguir e depois efetue as adições.

a) Em um consultório médico, há 3 poltronas azuis e 2 amarelas. Quantas poltronas há no consultório?

b) Na árvore da fazenda havia 4 passarinhos. Chegaram mais 5. Quantos passarinhos ficaram ao todo na árvore?

Adição com três parcelas

Observe a seguir alguns animais marinhos. Você pode contar 2 polvos, 1 arraia e 5 peixinhos. Quantos animais há no total?

Carlos Jorge

Para responder a essa pergunta, fazemos uma adição da seguinte maneira:

$$2 + 1 + 5 = 8$$
$$3 + 5$$
$$8$$

ou

$$\begin{array}{r} 2 \\ 1 \\ + 5 \\ \hline 8 \end{array}$$

Resposta: Há 8 animais ao todo.

1 Observe a cena e responda às perguntas.

a) Quantas crianças estão na fila do ingresso?

_____

b) Quantas crianças estão na fila para entrar na sala de cinema?

_____

c) Quantas crianças estão na cena? _____

2 Escreva as adições representadas em cada item. Observe o exemplo.

$2 + 1 + 4 = 7$

a)

_____

b)

_____

c)

_____

3 Represente as adições a seguir com desenhos.
Faça como no exemplo.

```
  6  ★★★★★★
  1  ★
+ 2  ★★
─────────────
  9  ★★★★★★★★★
```

b)
```
    4
    3
+   1  _____
────
    8
```

a)
```
    3
    0
+   4  _____
────
    7
```

c)
```
    2
    1
+   2  _____
────
    5
```

4 Conte os pontos obtidos no lançamento dos dados, arme e resolva as adições.

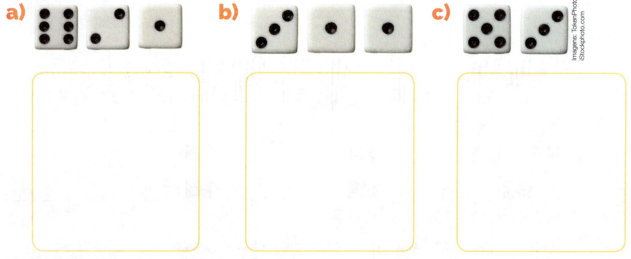

a)

b)

c)

5 Arme e efetue as adições a seguir no caderno. Depois, anote os resultados nos quadrinhos.

a) 2 + 2 + 3 = ☐

b) 5 + 1 + 2 = ☐

c) 2 + 4 + 3 = ☐

d) 3 + 1 + 3 = ☐

e) 3 + 2 + 1 = ☐

f) 4 + 3 + 2 = ☐

1 Use os números dos quadros para completar as adições. Cada número só pode ser usado uma vez. Por isso, risque o número que você utilizar.

| 0 | 1 | 2 | 3 | 4 | 5 | 6 | 7 | 8 |

a) ☐ + ☐ + ☐ = 9

b) ☐ + ☐ = 9

c) ☐ + ☐ = 9

d) ☐ + ☐ = 9

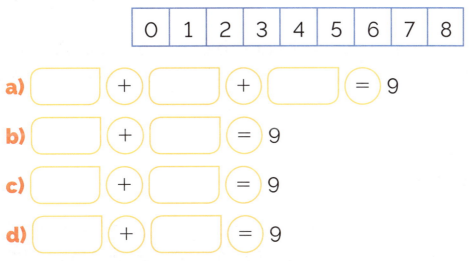 PESQUISANDO

1 Você já deve ter visto ou usado uma calculadora. Com a ajuda de um familiar, procure a imagem de uma calculadora em revistas ou na internet e cole-a a seguir. Depois de colar a imagem, contorne a tecla que representa a adição e a tecla que representa o sinal de igual.

1 Renato tinha 3 gatinhos, adotou mais 2 em uma feira de adoção de animais e ganhou mais 1 gatinho de sua tia. Quantos gatinhos Renato tem agora?_____

2 Luiza adora usar tiara. Ela tinha 3 tiaras e comprou mais 2. A tia Marilda foi visitá-la e deu de presente mais 4 tiaras para a sobrinha. Com quantas tiaras Luiza ficou? _____

BRINCANDO

1 Efetue as adições a seguir e procure no diagrama de palavras os números, escritos por extenso, que são resultados dessas adições.

a) 7 + 1 + 1

b) 0 + 2 + 4

c) 0 + 1 + 2

d) 5 + 3 + 0

e) 1 + 2 + 2

f) 0 + 0 + 2

g) 3 + 3 + 1

h) 1 + 1 + 2

i) 1 + 0 + 0

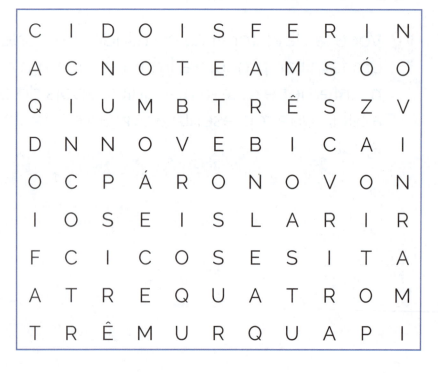

C	I	D	O	I	S	F	E	R	I	N
A	C	N	O	T	E	A	M	S	Ó	O
Q	I	U	M	B	T	R	Ê	S	Z	V
D	N	N	O	V	E	B	I	C	A	I
O	C	P	Á	R	O	N	O	V	O	N
I	O	S	E	I	S	L	A	R	I	R
F	C	I	C	O	S	E	S	I	T	A
A	T	R	E	Q	U	A	T	R	O	M
T	R	Ê	M	U	R	Q	U	A	P	I

SUBTRAÇÃO

Diogo tinha 9 figurinhas no bolso, mas perdeu 4 enquanto andava pela rua.

Danilo Souza

A operação feita para saber com quantas figurinhas Diogo ficou é a subtração.

$$9 - 4 = 5$$

Quando **retiramos** uma quantidade de outra, fazemos uma **subtração**.

A subtração é utilizada também para saber quanto falta para completar uma quantidade e para comparar quantidades.

65

As ideias da subtração

Ideia de tirar

5 amigos combinaram de sair para comer *pizza* no sábado.

No dia do encontro, só 3 amigos compareceram ao restaurante.

Pois 2 amigos ficaram doentes e não puderam ir.

Para calcular o número de amigos que não foram ao encontro, tiramos uma quantidade de outra. Observe como fazemos isso.

Da quantidade de amigos (5), tiramos outra quantidade (3). Então:

> 5 **menos** 3 **é igual a** 2

Ideia de quanto falta

Elaine vai preparar uma limonada. Ela precisa de 6 limões.

Quantos limões faltam para completar a quantidade necessária para o preparo da limonada?

Ela tem 4 limões na fruteira. Faltam, então, 2 limões.

> 6 **menos** 4 **é igual a** 2

Ideia de comparação entre quantidades

Em um jogo de basquete, Fabrício fez 4 cestas e Leandro fez 2 cestas.

Quantas cestas Fabrício marcou a mais que Leandro?

Para responder a essa pergunta, fazemos a subtração:

> 4 **menos** 2 **é igual a** 2

Fabrício marcou 2 cestas a mais que Leandro.

O sinal de subtração é −, o qual se lê menos. Veja como podemos representar a subtração:

$$8 - 3 = 5$$

8	⟶ minuendo
− 3	⟶ subtraendo
5	⟶ resto ou diferença

1 Observe o exemplo e continue fazendo as subtrações.

$4 - 1 = 3$

Ilustrações: Lilian Gonzaga

a)

_____

b)

_____

2 Complete as falas de acordo com o desenho.

Tenho _____ balões!

Perdi _____ balões!

Fiquei com apenas _____ balões!

Denis Cristo

3 Arme as subtrações no caderno. Depois, anote os resultados nos espaços a seguir.

a) $8 - 4 =$ ☐

b) $2 - 1 =$ ☐

c) $7 - 3 =$ ☐

d) $5 - 2 =$ ☐

e) $6 - 4 =$ ☐

f) $3 - 0 =$ ☐

g) $7 - 7 =$ ☐

h) $8 - 3 =$ ☐

i) $9 - 7 =$ ☐

4 Janaína desenhou 8 bolinhas e riscou 6 para efetuar 8 menos 6. Veja como ficou:

$8 - 6 = 2$ ⊘ ⊘ ⊘ ⊘ ⊘ ⊘ ○ ○

Faça como Janaína para efetuar as subtrações a seguir.

a) $3 - 1 =$ _____

b) $7 - 4 =$ _____

c) $6 - 5 =$ _____

5 Descubra o número que está dentro do cofre.

a) $5 + \boxed{} = 9$ ☐

b) $3 + \boxed{} = 8$ ☐

c) $6 + \boxed{} = 7$ ☐

d) $2 + \boxed{} = 4$ ☐

e) $9 - \boxed{} = 5$ ☐

f) $8 - \boxed{} = 3$ ☐

g) $7 - \boxed{} = 6$ ☐

h) $4 - \boxed{} = 2$ ☐

Ilustrações: DAE

Ilustrações: Ronaldo César

6 Observe como podemos fazer subtrações usando a reta numérica. Conte quantos pulos o sapo deu para sair do número 5 e chegar até o número 1.

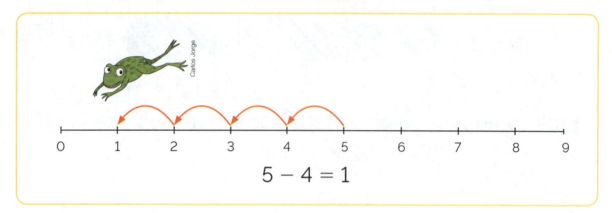

$$5 - 4 = 1$$

Agora é sua vez!

a) Escreva a subtração representada na reta numérica.

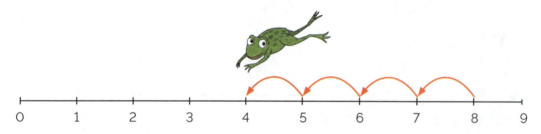

_____

b) Represente a subtração 7 − 3 = 4 na reta numérica a seguir.

c) Complete a subtração e represente-a na reta numérica.

$$6 - 4 =$$

7 Em cada item a seguir, desenhe a situação descrita e faça a representação em linguagem matemática.

Situação	Desenho	Linguagem matemática
a) Papai fez 8 biscoitos.		
b) Eu logo corri e comi 2.		
c) Meu irmão mais velho, muito guloso, comeu 3.		
d) E minha irmã mais nova comeu 1.		

Agora, desenhe quantos biscoitos sobraram.

 **PROBLEMAS**

1 Bruno tinha  e perdeu 2 deles.

Quantos chaveiros sobraram?

2 Na fila do banco havia  . Meia hora

depois, 5 delas haviam sido atendidas. Quantas pessoas ainda ficaram na fila?

3 Luciano comprou e comeu 2 delas.

Quantas bananas sobraram?

4 Joice ganhou   e já leu 1 deles.

Quantos livros ela ainda vai ler?

1 Leia o texto a seguir e faça desenhos ao redor dele para representar as situações descritas.

Que galinhas danadinhas!

São 5 galinhas de Dona Zezé.
Uma delas deu no pé!
Parece que mais uma galinha sumiu.
Pra onde ela foi ninguém viu?
Cocoricó fez a galinha que foi pra Maceió.
Mas será que ela foi só?
Outras 2 foram na bagagem
Pra aproveitar a viagem.
E a Dona Zezé como ficou?
Triste a chorar porque o galinheiro fechou.

Texto escrito especialmente para esta obra.

Agora responda: Quantas galinhas sobraram no galinheiro de Dona Zezé?

PEQUENO CIDADÃO

Leia o texto a seguir.

Consumo consciente: como ter atitudes sustentáveis nas compras

[...]

O que é consumo consciente e sustentável?

É o tipo de consumo que reflete antes da aquisição, pensando nas necessidades de compra, no uso do produto e também em seu impacto social e ambiental. [...]

[...] Consegue-se maior sustentabilidade avaliando e fazendo bom proveito do que já temos. Sendo assim, o consumo consciente começa primeiro dentro de casa. [...]

Bianca Alves. Consumo consciente: como ter atitudes sustentáveis nas compras. *Casa e Jardim*, São Paulo, 4 mar. 2020. Disponível em: https://revistacasaejardim. globo.com/Casa-e-Jardim/Sustentabilidade/ noticia/2020/03/consumo-consciente -como-ter-atitudes-sustentaveis-nas -compras.html. Acesso em: 1 mar. 2020.

Cinco latas recicladas se transformam em lindos vasos.

1 Peça ajuda para um familiar e observe, na sua casa, objetos que não são utilizados e que poderão ser reaproveitados. Escreva a seguir o nome de um objeto escolhido e depois converse com seu professor sobre como ele poderá ser reutilizado.

_____

_____

AMPLIANDO A ADIÇÃO

Adições que envolvem dezenas

Vitória e Caio estavam jogando dados.

Observe a pontuação que fizeram em duas partidas e some os pontos de cada uma.

Ilustrações: Danilo Souza

	1ª partida	2ª partida	Adição dos pontos
Vitória			9 + 8 = _____
Caio			_____ + _____ = _____

Desenhe peças de Material Dourado no quadro a seguir de acordo com o número de pontos que as crianças tiraram nos dados.

	1ª partida	2ª partida	Adição dos pontos
Vitória			
Caio			

Quem fez mais pontos foi _____

Vamos representar a seguir as adições no quadro de valores.
Observe:

D	U
	9
+	8
1	7

D	U
	7
+	8
1	5

ATIVIDADES

1 Observe quantas conchas cada criança pegou na praia. Escreva as adições correspondentes e represente-as nos quadros de ordens.

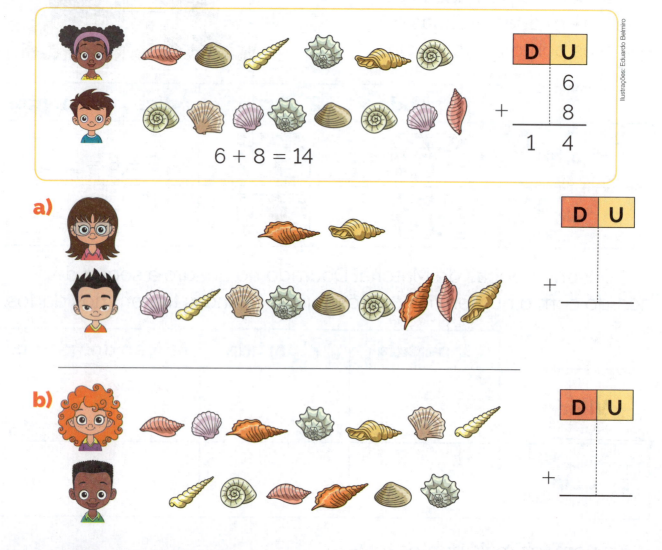

6 + 8 = 14

D	U
	6
+	8
1	4

Ilustrações: Eduardo Belmiro

a)

D	U
+	

b)

D	U
+	

2 Observe os baldes de areia que as crianças usaram para construir castelinhos e faça as contas conforme o modelo.

$3 + 5 + 4 =$

$8 + 4 =$

$= 12$

Ilustrações: Eduardo Belmiro

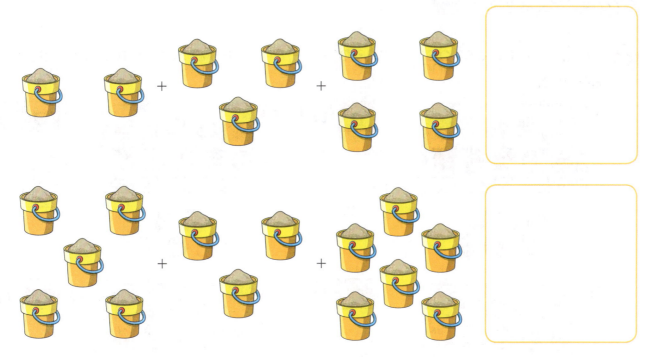

3 Observe as adições representadas a seguir e, utilizando palitinhos, faça as contas usando o mesmo método da atividade anterior.

a) $5 + 4 + 3 =$ _____

b) $3 + 6 + 5 =$ _____

c) $4 + 5 + 6 =$ _____

d) $2 + 8 + 7 =$ _____

e) $1 + 5 + 6 =$ _____

f) $8 + 3 + 7 =$ _____

g) $7 + 0 + 6 =$ _____

h) $9 + 2 + 0 =$ _____

i) $7 + 3 + 3 =$ _____

j) $7 + 5 + 7 =$ _____

k) $0 + 3 + 8 =$ _____

l) $5 + 5 + 5 =$ _____

Para facilitar a contagem, podemos formar grupos de 10 unidades. Observe:

D	U
1	0
+	2
1	2

1 Utilize o quadro de ordens para efetuar as adições representadas abaixo.

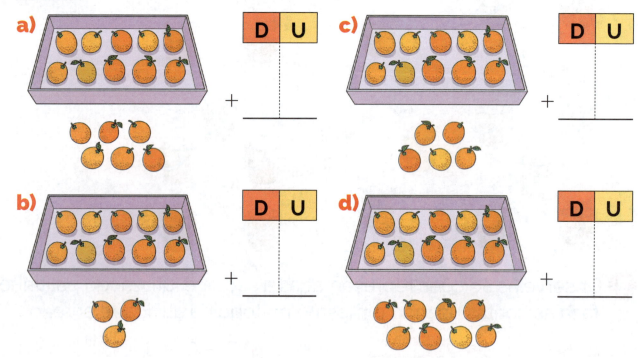

a)

D	U
+	

c)

D	U
+	

b)

D	U
+	

d)

D	U
+	

2 Resolva as adições.

a)
D	U
2	0
+	9

b)
D	U
3	0
+ 0	4

c)
D	U
6	0
+ 1	5

d)
D	U
8	0
+	5

3 Faça a adição.

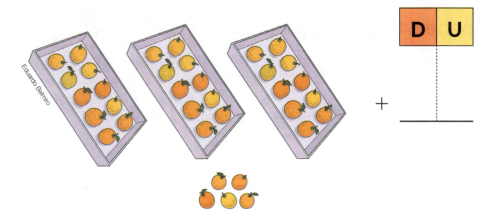

D	U

$$+ \ \underline{}$$

4 Efetue as adições a seguir.

a)
$$\begin{array}{r} 4\ \ 1 \\ +\ \ 2\ \ 4 \\ \hline \end{array}$$

b)
$$\begin{array}{r} 3\ \ 2 \\ +\ \ 1\ \ 7 \\ \hline \end{array}$$

c)
$$\begin{array}{r} 3\ \ 4 \\ +\ \ 3\ \ 4 \\ \hline \end{array}$$

d)
$$\begin{array}{r} 1\ \ 3 \\ +\ \ 3\ \ 1 \\ \hline \end{array}$$

5 Pinte somente as adições que têm como resultado o número que aparece ao centro do esquema a seguir.

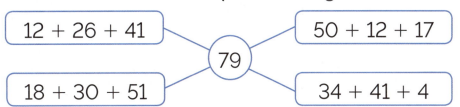

12 + 26 + 41		50 + 12 + 17
	79	
18 + 30 + 51		34 + 41 + 4

DESAFIO

1 Calcule mentalmente as adições e marque com um **X** a opção correta.

a) 80 + 6 é igual a:

☐ 82 + 3   ☐ 83 + 4   ☐ 83 + 3

b) 50 + 8 é igual a:

☐ 52 + 4   ☐ 53 + 5   ☐ 50 + 9

Material Dourado

Você já conhece o Material Dourado:

- um cubinho  representa 1 unidade;
- uma barra ▮▮▮▮▮▮▮▮▮▮ representa 1 dezena.

ATIVIDADES

1 Complete a tabela.

Barras e cubinhos	Trocando barras e cubinhos por números
Ilustrações: DAE	10 + 10 + 10 + 10 = _____
	_____ + _____ + _____ + _____ = _____
	_____ + _____ = _____

2 Ligue a quantidade representada pelo Material Dourado a seu respectivo valor. Depois, ligue esse resultado à adição a ele correspondente.

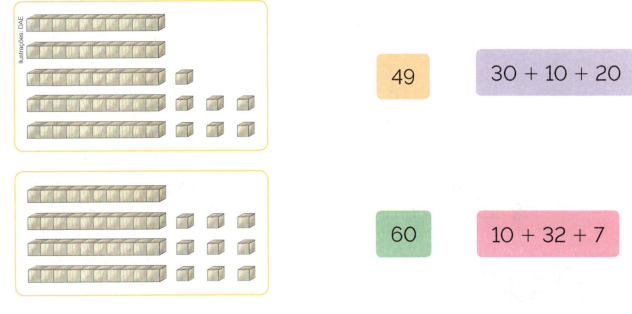

49	30 + 10 + 20
60	10 + 32 + 7
57	20 + 15 + 22

3 Cada aluno representou uma quantidade com peças do Material Dourado. Escreva adições nos quadros de ordens que representem essas quantidades.

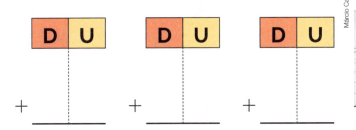

Verificação da adição

Podemos verificar se o resultado de uma adição está correto ao inverter a ordem das parcelas e somá-las novamente. Observe:

```
   5  2            3  5
+  3  5         +  5  2
───────         ───────
   8  7            8  7
```

```
   2  2            3  4
   1  3            2  2
+  3  4         +  1  3
───────         ───────
   6  9            6  9
```

> Se a adição estiver correta, o resultado não se altera.
> Na adição, a ordem das parcelas não altera o total.

ATIVIDADES

1 Efetue as adições e verifique se estão corretas.

a)
```
   2  7
+  3  1
───────
```

d)
```
   5  3
+  1  3
───────
```

b)
```
   5  2
+  4  1
───────
```

e)
```
   8  2
+     7
───────
```

c)
```
   1  2
   5  3
+  2  0
───────
```

f)
```
   1  3
      2
+     4
───────
```

1 Rodrigo começou um torneio de bolinha de gude com 53 bolinhas. Durante as rodadas, ele ganhou 14 bolinhas e não perdeu nenhuma. Com quantas bolinhas de gude ele terminou o torneio?

Cálculo	Verificação do cálculo

2 Em uma partida de basquete, o time da casa marcou 42 pontos, enquanto o time visitante marcou 37. No total, quantos pontos os dois times fizeram juntos no jogo?

Cálculo	Verificação do cálculo

3 Amanda tem 4 dezenas e 8 unidades de livros e Cecília tem 3 dezenas de livros. Quantos livros as duas têm juntas?

Cálculo	Verificação do cálculo

4 Duda ganhou uma caixa com 2 dezenas e 4 unidades de elásticos para cabelo e juntou com os outros 18 elásticos que já tinha. Quantos elásticos Duda tem agora?

Cálculo	Verificação do cálculo

5 Seu Jair recebeu uma encomenda de 5 dezenas de coxinhas, 2 dezenas e 6 unidades de pastéis e 13 bolinhas de queijo. Quantos salgados ele terá de fazer?

Cálculo	Verificação do cálculo

6 Com base no desenho a seguir, invente um problema que envolva adição. Depois, troque o livro com um colega: ele resolverá o problema que você inventou e você resolverá o problema criado por ele.

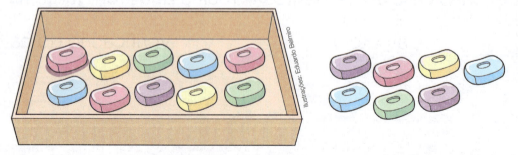

Ilustrações: Eduardo Belmiro

Adição com reagrupamento

Mariana e Leonardo estavam fazendo dobraduras. Ela fez 17 aviões, enquanto ele fez 16 barquinhos.

Quantas dobraduras eles fizeram ao todo?

Para calcular essa quantidade, utilizaremos o Material Dourado. Veja:

Dezenas	Unidades

Primeiro, colocamos todas as barras na casa das dezenas e todos os cubinhos na casa das unidades.

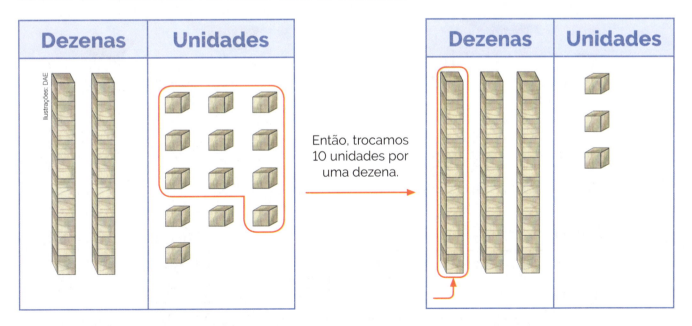

Então, trocamos 10 unidades por uma dezena.

Formamos mais uma dezena e restam 3 cubinhos.

85

Representamos a quantidade de dobraduras assim:

Dezenas	Unidades

Eles já fizeram 33 dobraduras.
Agora vamos representá-las numericamente.

D	U

$$1^1 \quad 7$$
$$+ \quad 1 \quad 6$$
$$\overline{\quad 3 \quad 3 \quad}$$

$7 + 6 = \boxed{1} \, \boxed{3}$ ou

$$\overset{1}{} \quad 1 \quad 7$$
$$+ \quad 1 \quad 6$$
$$\overline{\quad 3 \quad 3 \quad}$$

ATIVIDADES

1 Represente as somas com o Material Dourado. Faça como no exemplo.

Somas	Dezenas	Unidades	Total
27 + 35 =			D U 6 2
a) 54 + 19 =			D U
b) 38 + 18 =			D U
c) 47 + 13 =			D U

2 Efetue as adições.

a)
```
    3  4
+   4  7
_____
```

b)
```
    7  0
+   2  8
_____
```

c)
```
    5  1
+   1  9
_____
```

d)
```
    4  8
+   2  6
_____
```

e)

```
  1   6
+ 1   9
───────
```

f)

```
  3   5
+ 1   5
───────
```

g)

```
  3   6
+ 5   7
───────
```

h)

```
  7   5
+     9
───────
```

3 Efetue as adições.

a) 28 + 17 = ☐

c) 38 + 34 = ☐

b) 56 + 35 = ☐

d) 46 + 25 = ☐

DESAFIO

1 Calcule mentalmente as adições e marque com um **X** a opção correta.

a) 21 + 73 é igual a:

☐ 90 + 5   ☐ 90 + 4   ☐ 90 + 3

b) 55 + 12 é igual a:

☐ 50 + 7   ☐ 60 + 7   ☐ 50 + 2

AMPLIANDO A SUBTRAÇÃO

UNIDADE 6

Subtrações que envolvem dezenas

Rogério tem uma loja de miniaturas de brinquedos. Ele tinha na prateleira 27 bonecas e 35 carrinhos.

Sabendo-se que 5 bonecas foram vendidas, quantas restaram para vender?

$$27 - 5 = 22 \text{ ou } \begin{array}{r} 2\ 7 \\ -\ \ \ 5 \\ \hline 2\ 2 \end{array}$$

Restaram 22 bonecas na loja de Rogério.

Qual é a diferença entre a quantidade de carrinhos e a quantidade de bonecas que Rogério tem agora em sua loja?

$$35 - 22 = 13 \text{ ou } \begin{array}{r} 3\ 5 \\ -\ 2\ 2 \\ \hline 1\ 3 \end{array}$$

A diferença é de 13 brinquedos.

1 Resolva as subtrações.

a)
D	U
1	6
−	4

b)
D	U
5	8
−	6

c)
D	U
2	5
−	3

d)
D	U
6	9
−	7

2 Arme e efetue as subtrações no caderno e escreva abaixo os resultados.

a) 18 − 6 = ☐

b) 48 − 2 = ☐

c) 97 − 33 = ☐

3 Descubra os resultados usando o Material Dourado.

a) 90 − 20 = ☐   c) 70 − 60 = ☐

b) 80 − 30 = ☐   d) 60 − 40 = ☐

PROBLEMAS

1 Descubra quanto falta para encher cada caixinha.

a) Cabem 79 bolinhas, já coloquei 35. Quantas faltam para encher a caixinha?

_____

b) Cabem 47 bolinhas, já coloquei 26. Quantas ainda cabem na caixinha?

_____

Ilustrações: Carlos Jorge

Subtração com recurso

Um grupo de amigos estava fazendo uma trilha de 35 quilômetros.

Eles já percorreram 17 quilômetros. Quanto ainda falta para eles terminarem a caminhada?

Para efetuar a subtração, tiramos 17 de 35.

Como não é possível tirar 7 unidades de 5 unidades, pois 5 é menor que 7, trocamos 1 dezena por 10 unidades.

Márcio Castro

Dezenas	Unidades		Dezenas	Unidades

Troca 1 dezena por 10 unidades:

Agora podemos subtrair: tiramos 7 unidades das 15 que estão na casa das unidades e 1 dezena da casa das dezenas.

Dezenas	Unidades		Dezenas	Unidades

Representando no quadro de ordens, temos:

D	U
²3̸	¹5
− 1	7
1	8

ou

3	5
− 1	7
1	8

Portanto, faltam 18 quilômetros para eles terminarem a trilha.

ATIVIDADES

1 Efetue as subtrações.

a)
D	U
8	4
− 4	5

c)
D	U
7	7
− 2	9

e)
D	U
5	1
− 3	3

g)
D	U
4	7
− 2	8

b)
D	U
5	1
− 3	3

d)
D	U
2	5
− 1	7

f)
D	U
6	2
− 1	8

h)
D	U
3	3
−	9

2 Calcule mentalmente e escreva os resultados.

a) 3 para 10 faltam ☐

b) 5 para 14 faltam ☐

c) 4 para 12 faltam ☐

d) 9 para 18 faltam ☐

e) 6 para 13 faltam ☐

3 Descubra quais algarismos as figuras abaixo estão cobrindo.

a)
```
    5  7
 -  3  7
 ─────────
    ▲  0
```

c)
```
    3  2
 -  1  6
 ─────────
    1  ●
```

e)
```
    9  2
 -  1  ■
 ─────────
    7  7
```

g)
```
    7  3
 -  ●  1
 ─────────
    1  ▲
```

b)
```
    ■  0
 -  4  0
 ─────────
    1  0
```

d)
```
    4  1
 -  2  8
 ─────────
    1  ★
```

f)
```
    3  0
 -  1  ■
 ─────────
    1  ■
```

h)
```
    7  8
 -  ★  5
 ─────────
    4  ★
```

Quais números estão escondidos?

▲ = ☐   ★ = ☐   ■ = ☐   ● = ☐

4 Arme e efetue as subtrações no caderno. Depois, anote os resultados nos espaços a seguir.

a) 53 – 28 = ☐   d) 52 – 37 = ☐   g) 63 – 25 = ☐

b) 42 – 24 = ☐   e) 85 – 68 = ☐   h) 90 – 53 = ☐

c) 43 – 39 = ☐   f) 86 – 17 = ☐

5 Faça as contas no caderno. Depois, complete as frases com o resultado.

a) Dos 32 quilômetros, já andei 25. Faltam ☐ quilômetros para chegar.

b) Das 94 figurinhas, já tenho 79. Faltam ☐ para completar o álbum.

c) Dos 73 convidados, já chegaram 56. Faltam chegar ☐.

d) Das 61 páginas do livro, já li 47. Faltam ☐ páginas para terminar.

e) Dos 80 docinhos pedidos, já fiz 28. Faltam ☐ docinhos para a festa.

1 Juliano e Rafael têm 62 picolés em seus carrinhos. Eles venderam 39 picolés em um dia, quantos picolés sobraram?

_____

2 Raquel precisa de 73 figurinhas para completar seu álbum. Hoje o pai dela comprou 49 e, por sorte, nenhuma era repetida. Quantas figurinhas faltam agora para ela completar o álbum?

_____

3 Há 90 pessoas na fila do cinema, mas existem apenas 76 lugares disponíveis para a próxima sessão. Quantas pessoas há a mais do que lugares?

_____

4 Marcos tem 88 selos em sua coleção e Ricardo tem 97. Qual é a diferença de selos entre as coleções dos dois amigos?

_____

Verificação da subtração

Para saber se uma subtração está certa, tiramos a prova real: somamos o subtraendo ao resto para obter o minuendo.

```
minuendo ⟶     4  8          1  6  ⟵ subtraendo
subtraendo ⟶ −  1  6      +  3  2  ⟵ resto
resto ⟶        3  2          4  8  ⟵ minuendo
```

Se o resultado da soma for igual ao minuendo,
a subtração está certa.

ATIVIDADES

1 Efetue as subtrações a seguir e tire a prova real.

```
a)    1  9          d)    2  6          g)    6  2
    −    6              −    5              −  4  1
```

```
b)    5  8          e)    8  3          h)    3  6
    −  2  4              −  7  2              −  1  6
```

```
c)    7  7          f)    9  4          i)    4  8
    −  3  4              −  1  3              −  2  2
```

2 Continue subtraindo. Faça como no exemplo.

	Prova real
$^3\cancel{4}$ ^{14} ⟶ minuendo − 2 9 ⟶ subtraendo 1 5 ⟶ resto ou diferença	2 9 + 1 5 4 4
a) 7 2 ⟶ − 2 4 ⟶ ⟶	
b) 8 6 ⟶ − 4 9 ⟶ ⟶	

3 Arme e efetue as subtrações. Verifique se os resultados que você encontrou estão corretos tirando a prova real.

a) 95 − 68 = ☐

c) 76 − 47 = ☐

b) 57 − 49 = ☐

d) 85 − 37 = ☐

MULTIPLICAÇÃO

As ideias da multiplicação

Ideia de adição de parcelas iguais

Observe os dados lançados por Bruno.

Tirei por 3 vezes o mesmo número.

$$6 + 6 + 6 = 18 \text{ ou } 3 \textbf{ vezes } 6 \textbf{ é igual a } 18$$

Ideia de representação retangular

Observe a disposição das carteiras na sala de aula.

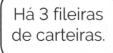

Há 3 fileiras de carteiras.

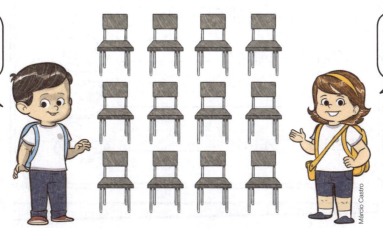

Em cada fileira, há 4 carteiras.

Para saber o total de carteiras, podemos utilizar a multiplicação retangular, em que somamos a quantidade de itens de cada fileira. Também podemos multiplicar o número de fileiras pela quantidade de carteiras em cada uma.

Observe:

4	+	4	+	4	=	12	ou	3	×	4	=	12
fileira 1		fileira 2		fileira 3				3 fileiras		4 carteiras em cada fileira		

> Portanto, se em cada fileira há 4 carteiras, em 3 fileiras há um total de 12 carteiras.

Ideia de combinar possibilidades

Na cantina da escola Brincar e Aprender há algumas opções de lanches. Veja:

CARDÁPIO

PÃO FRANCÊS   PÃO INTEGRAL

RECHEIOS

QUEIJO BRANCO

FRANGO

PEITO DE PERU

Para comprar um lanche, os alunos devem escolher entre um tipo de pão e um recheio. De quantas maneiras diferentes os alunos podem fazer essa combinação?

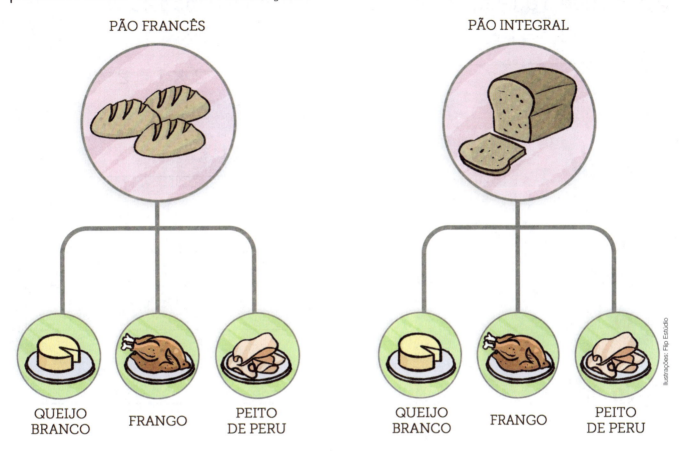

PÃO FRANCÊS

PÃO INTEGRAL

QUEIJO BRANCO   FRANGO   PEITO DE PERU

QUEIJO BRANCO   FRANGO   PEITO DE PERU

Ilustrações: Flip Estúdio

Os alunos podem escolher 6 lanches diferentes combinando cada pão com cada um dos recheios. Observe:

3 + 3 = 6 ou 2 **vezes** 3 **é igual a** 6

O sinal da multiplicação é **×**, o qual se lê **vezes**.

Veja como a multiplicação é representada:

$$3 \times 3 = 9$$

3 ⟶ multiplicando ⎫
× 3 ⟶ multiplicador ⎬ fatores
9 ⟶ produto

99

1 Indique a quantidade de canetas. Observe o modelo.

    $1 + 1 = 2$ ou $2 \times 1 = 2$

a)   _____

b)   _____

c)   _____

d)   _____

2 Efetue as multiplicações.

a) $2 \times 1 = \boxed{}$ d) $2 \times 4 = \boxed{}$ g) $2 \times 7 = \boxed{}$

b) $2 \times 2 = \boxed{}$ e) $2 \times 5 = \boxed{}$ h) $2 \times 8 = \boxed{}$

c) $2 \times 3 = \boxed{}$ f) $2 \times 6 = \boxed{}$ i) $2 \times 9 = \boxed{}$

3 Observe os exemplos:

$3 + 3 + 3 = 9$ ou $3 \times 3 = 9$ $2 + 2 + 2 + 2 = 8$ ou $4 \times 2 = 8$

Agora, faça como no exemplo e indique a quantidade de objetos nos itens abaixo.

a)

b)

c)

4 Efetue as multiplicações.

a) 3 × 1 = ____

b) 3 × 2 = ____

c) 3 × 3 = ____

d) 3 × 4 = ____

e) 3 × 5 = ____

f) 3 × 6 = ____

g) 3 × 7 = ____

h) 3 × 8 = ____

i) 3 × 9 = ____

j) 3 × 10 = ____

k) 4 × 1 = ____

l) 4 × 2 = ____

m) 4 × 3 = ____

n) 4 × 4 = ____

o) 4 × 5 = ____

p) 4 × 6 = ____

q) 4 × 7 = ____

r) 4 × 8 = ____

s) 4 × 9 = ____

t) 4 × 10 = ____

5 A festa junina da escola estava muito bonita! A decoração foi feita com bandeirinhas coloridas e, para comer, havia pratos doces e salgados. Havia também pescaria. Veja como ficou o pátio antes do início da festa:

Descubra a quantidade de cada elemento mostrado na cena. Para calcular, faça como no exemplo.

8 + 8 + 8 = 24
ou
3 × 8 = 24

a)  _____

_____

b)

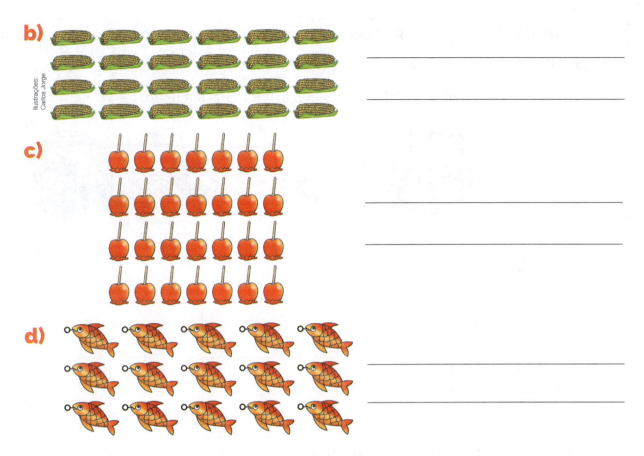

_____

_____

c)

_____

_____

d)

_____

_____

6 Observe os desenhos e complete as multiplicações.

a)

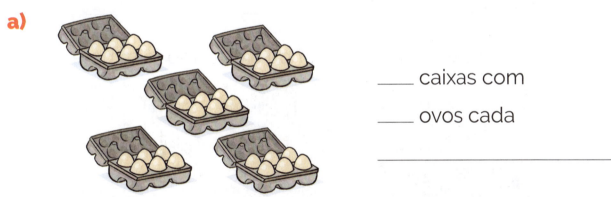

_____ caixas com

_____ ovos cada

_____

b)

_____ caixas com

_____ chaveiros cada

_____

7 A sorveteria perto da escola oferece sorvete na casquinha ou na cestinha e tem cinco tipos de sabor.

a) Complete a tabela abaixo seguindo o modelo.

	framboesa	limão	morango	uva	chocolate
Sorvete de framboesa na casquinha.					
Sorvete de framboesa na cestinha.					

b) Quantos tipos de sorvete diferentes os alunos poderão escolher? _____

8 Leia o poema a seguir e responda à questão feita nele.

HUM... QUE DELÍCIA!

Os quatro amigos da pracinha
foram juntos tomar sorvete de casquinha.
Sabor? Só de creme e chocolate tinha.
— Chocolate embaixo e creme em cima pra mim! —
exclamou logo a Jasmim.
— Creme embaixo e chocolate em cima! —
escolheu sem pestanejar a Irma.
A magrela da Marlene
pediu duas bolas de creme.
Como fica o sorvete do Vicente,
se quiser formar uma combinação diferente?

Renata Bueno. *Poemas problemas.* São Paulo: Editora do Brasil, 2012. p. 29.

Observe:

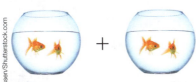
+
| 2 + 2 = 4 | | 2 × 2 = 4 |

+
| 1 + 1 = 2 | | 2 × 1 = 2 |

+
| 0 + 0 = 0 | | 2 × 0 = 0 |

> Quando multiplicamos qualquer número por **zero**, o resultado será sempre **zero**.

9 Continue:

a) 0 $1 \times 0 = 0$

b) 0 + 0 + 0 + 0 $4 \times 0 = 0$

c) 0 + 0 + 0 + 0 + 0   _____

d) 0 + 0 + 0 + 0 + 0 + 0 + 0   _____

e) 0 + 0 + 0 + 0 + 0 + 0 + 0 + 0 + 0   _____

10 Ligue cada conjunto de dados à operação que podemos efetuar para calcular o total de pontos das faces amarelas.

| 3 × 6 |

| 5 × 1 |

| 4 × 3 |

| 3 × 5 |

Vamos representar a multiplicação no quadro de ordens?
Observe os exemplos:

D	U
1	2
×	2
2	4

$2 \times 12 = 24$

D	U
2	1
×	2
4	2

$2 \times 21 = 42$

Para efetuar uma multiplicação, devemos multiplicar as **unidades** pelas **unidades** e, depois, as **unidades** pelas **dezenas**.

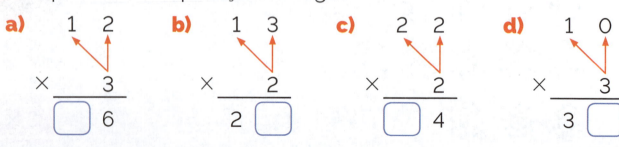

ATIVIDADES

1 Complete as multiplicações a seguir.

a)
```
  1 2
×   3
─────
□ 6
```

b)
```
  1 3
×   2
─────
2 □
```

c)
```
  2 2
×   2
─────
□ 4
```

d)
```
  1 0
×   3
─────
3 □
```

2 Resolva as multiplicações abaixo e escreva o nome dos termos.

$$
\begin{array}{r}
1 \quad 3 \\
\times \quad \quad 3 \\
\hline
3 \quad 9
\end{array}
$$

1 3 ⟶ multiplicando
× 3 ⟶ multiplicador
3 9 ⟶ produto

a)
3 2 ⟶ multiplicando
× 3 ⟶ multiplicador
⟶ _____

b)
4 4 ⟶ multiplicando
× 2 ⟶ multiplicador
⟶ _____

c)
2 0 ⟶ multiplicando
× 3 ⟶ multiplicador
⟶ _____

PROBLEMAS

1 A cada mês, a empresa de Osmar contrata 2 funcionários novos. Quantos funcionários terão sido contratados em 3 meses?

_____

Andrey_Popov/Shutterstock.com

2 Se um carro tem 4 rodas, quantas rodas têm 3 carros?

_____

arda savasciogullari/Shutterstock.com

3 Juliana fez 7 pontos em cada uma das 5 rodadas de *video game*. Qual foi o total de pontos feito por Juliana?

_____

4 Patrícia comprou no mercado 3 pacotes com 3 escovas de dente em cada um. Quantas escovas de dente ela comprou?

_____

DESAFIO

1 Na loja de Gisele há uma promoção: na compra de 2 pacotes com 6 pratos descartáveis cada, o cliente recebe, de graça, mais 1 pacote com a mesma quantidade de pratos. Quantas pratos levará uma pessoa que participar da promoção?

_____

_____

_____

Dobro

Brigadeiro frio

Ingredientes:

- 1 lata de leite condensado;
- 4 colheres (de sopa) de chocolate em pó;
- 2 xícaras de leite em pó;
- chocolate granulado para enfeitar;
- manteiga para untar as mãos.

Modo de fazer

1. Usando uma colher de pau, misture todos os ingredientes em uma tigela até formar uma massa homogênea.
2. Unte as mãos e faça bolinhas médias. Passe-as no granulado.
3. Leve à geladeira por 30 minutos.

Rendimento:

- 25 brigadeiros médios.

> Uma cliente encomendou 50 brigadeiros. Terei que usar o dobro da quantidade de cada ingrediente.

Henrique Jorge

Duas vezes uma quantidade é igual ao dobro dessa quantidade. Para calcular o dobro de um número, é preciso multiplicá-lo por 2.

109

ATIVIDADES

1 Observe o modelo e complete as sentenças.

> O dobro de 5 é: $2 \times 5 = 10$

a) O dobro de 10 é: _____

b) O dobro de 22 é: _____

c) O dobro de 2 é: _____

d) O dobro de 0 é: _____

e) O dobro de 11 é: _____

f) O dobro de 1 é: _____

2 Escreva uma multiplicação para representar o dobro dos números abaixo.

a) 6 _____

b) 24 _____

c) 44 _____

d) 13 _____

e) 31 _____

f) 0 _____

Kanton

3 Complete o quadro desenhando o dobro da quantidade de cada objeto. Veja o exemplo.

Quantidade	Dobro
3 bolas de futebol	6 bolas de futebol
6 canetas	_____ canetas
1 casa	_____ casas
2 carros	_____ carros
4 cadernos	_____ cadernos
5 corações	_____ corações

1 O cão Chocolate tem 3 anos e seu irmão tem o dobro dessa idade. Quantos anos tem o irmão de Chocolate?

_____

2 Armando tem o dobro da quantidade de carrinhos de seu primo Juca, que tem 9 carrinhos. Quantos carrinhos Armando tem?

_____

3 Marcelo comprou 12 bananas e Dona Joana comprou o dobro. Quantas bananas Dona Joana comprou?

_____

4 Com base no desenho ao lado, invente um problema que envolva o dobro. Depois troque o livro com um colega: ele resolverá o problema que você inventou e você resolverá o problema criado por ele.

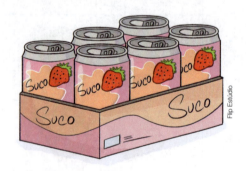

_____

_____

_____

DIVISÃO

As ideias da divisão

Bia e o pai foram ao *pet shop* comprar novos peixes para seus aquários. Eles levaram 9 peixinhos.

Bia vai dividir a quantidade de peixinhos igualmente entre os 3 aquários da família.

Com quantos peixes cada aquário ficará?

Saulo Nunes Marques

Para dividir igualmente, ela colocará um peixinho em cada aquário até distribuir todos os peixes que comprou.

Ainda restam 6 peixes para distribuir.

Agora restam 3 peixes para distribuir.

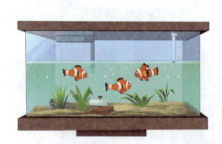

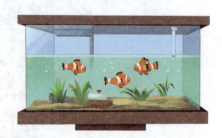

Cada aquário ficou com 3 peixes.

Os 9 peixes que Bia e o pai compraram foram distribuídos entre os 3 aquários, e cada aquário ficou com 3 peixes.

Então:

9 **dividido** por 3 **é igual a** 3 ou **9 ÷ 3 = 3**

A seguir, observe outra situação.

Amanhã, 10 pessoas de uma turma vão passear de teleférico.

Em cada cabine cabem 2 pessoas. Quantas cabines as pessoas dessa turma ocuparão?

Para responder a essa pergunta, precisamos descobrir quantos grupos de 2 cabem em 10. Fazemos, então, a divisão de 10 por 2.

10 **dividido** por 2 **é igual a** 5

Portanto, as pessoas ocuparão 5 cabines do teleférico.

Para representar a divisão, usamos o sinal ÷, o qual se lê **dividido por**.

A divisão pode ser representada na forma horizontal ou na forma vertical. Veja:

$10 \div 2 = 5$

dividendo

```
      ↑
  1  0 │ 2   ——→ divisor
− 1  0   5   ——→ quociente
     0
     ↓
```

resto

1 Enrole 12 bolinhas de papel. Depois, distribua igualmente essas bolinhas nos quadros de cada item abaixo. Em seguida, represente-as com desenhos nesses quadros e complete os resultados.

a) 12 ÷ 2 = _____

b) 12 ÷ 3 = _____

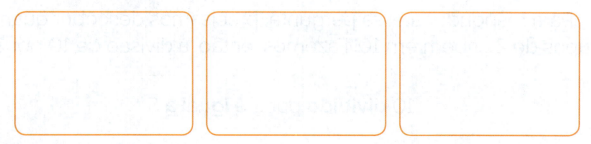

c) 12 ÷ 4 = _____

d) 12 ÷ 6 = _____

2 Divida as quantidades de morangos igualmente entre o número de crianças. Observe o exemplo.

4 morangos para 2 crianças

> 4 **dividido** por 2 **é igual a** 2
> 4 ÷ 2 = 2

a) 8 morangos para 2 crianças

_____

b) 15 morangos para 3 crianças

_____

c) 12 morangos para 4 crianças

_____

d) 16 morangos para 4 crianças

_____

3 Descubra quantos grupos de 4 **cabem** em 20. Circule os estojos de 4 em 4 e depois conte quantos grupos você circulou. Agora, represente a divisão.

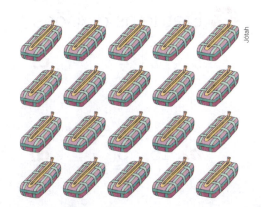

_____

4 Resolva as divisões no caderno e anote os resultados abaixo.

a) $16 \div 4 =$ ☐

b) $15 \div 5 =$ ☐

c) $8 \div 4 =$ ☐

d) $8 \div 2 =$ ☐

e) $20 \div 5 =$ ☐

f) $10 \div 2 =$ ☐

g) $12 \div 6 =$ ☐

h) $20 \div 2 =$ ☐

i) $9 \div 9 =$ ☐

5 Siga o exemplo para efetuar as divisões e tirar a prova real.

$$50 \div 5 = 10 \qquad 10 \times 5 = 50$$

a) $40 \div 5 =$ ___ _____

b) $20 \div 5 =$ ___ _____

c) $15 \div 5 =$ ___ _____

d) $45 \div 5 =$ ___ _____

Observe com atenção!

Processo longo   **Processo breve**

$6 \div 2 = 3$

$$\begin{array}{r|l} 6 & 2 \\ -6 & 3 \\ \hline 0 & \end{array} \qquad \begin{array}{r|l} 6 & 2 \\ 0 & 3 \end{array}$$

6 Efetue as divisões pelo processo breve.

a) $\begin{array}{r|l} 16 & 4 \end{array}$

b) $\begin{array}{r|l} 15 & 5 \end{array}$

c) $\begin{array}{r|l} 12 & 2 \end{array}$

d) $\begin{array}{r|l} 15 & 15 \end{array}$

e) $\begin{array}{r|l} 9 & 3 \end{array}$

f) $\begin{array}{r|l} 12 & 6 \end{array}$

g) $\begin{array}{r|l} 21 & 3 \end{array}$

h) $\begin{array}{r|l} 27 & 3 \end{array}$

7 Arme e efetue as divisões pelo processo longo e escreva o nome dos termos.

a) $24 \div 3 =$

b) $18 \div 6 =$

8 Faça as divisões e tire a prova real, como no exemplo.

$$12 \div 4 = 3 \qquad 3 \times 4 = 12$$

a) $20 \div 5 =$ ____ _____

b) $16 \div 4 =$ ____ _____

c) $15 \div 3 =$ ____ _____

d) $32 \div 4 =$ ____ _____

e) $27 \div 3 =$ ____ _____

f) $25 \div 5 =$ ____ _____

g) $6 \div 2 =$ ____ _____

h) $18 \div 2 =$ ____ _____

i) $24 \div 4 =$ ____ _____

9 Efetue as divisões.

a) 14 | 2

c) 14 | 7

e) 18 | 2

g) 18 | 9

b) 20 | 2

d) 20 | 10

f) 12 | 3

h) 12 | 4

10 Faça conforme o modelo.

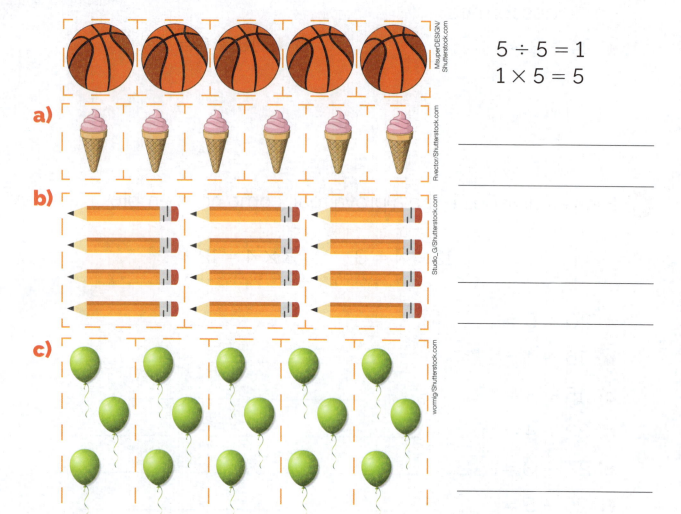

$5 \div 5 = 1$

$1 \times 5 = 5$

a) _____

_____

b) _____

_____

c) _____

_____

11 Arme e resolva as contas de divisão pelo processo longo.

a) $18 \div 2 =$ ___

c) $20 \div 4 =$ ___

b) $27 \div 3 =$ ___

d) $25 \div 5 =$ ___

120

+2/1 PROBLEMAS

1 Flávio precisa distribuir 32 laranjas igualmente em 4 prateleiras de sua fruteira. Quantas laranjas ele deve colocar em cada prateleira?

2 Para formar times de queimada, 28 crianças de uma escola se organizaram em 2 times com quantidades iguais de jogadores. Quantas crianças cada time terá?

3 Para o tratamento odontológico completo, Fernanda irá 8 vezes ao dentista. O dentista agendou 2 consultas por semana. Quantas semanas durará o tratamento?

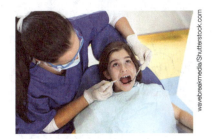

4 Katia comprou 42 balas para dividir igualmente entre seus 7 sobrinhos. Quantas balas cada um receberá?

5 Luísa comprou 14 flores e quer distribuí-las igualmente em 2 vasos. Quantas flores ela deve colocar em cada vaso?

6 Com base na situação abaixo, elabore um problema no quadro a seguir que possa ser resolvido por meio de uma divisão.

DESAFIO

1 Na fila de um cinema há 30 pessoas e somente 1 caixa funcionando. Se mais 2 caixas forem abertos e a quantidade de pessoas for distribuída igualmente entre os caixas, quantas pessoas ficarão em cada fila?

Metade

Metade peixe,
metade índia,
vive a encantar.

Também conhecida
como sereia
nas águas do mar.

Seu cabelo é comprido,
tanta beleza
a não se acabar.

Texto escrito especialmente
para esta obra.

Muitas coisas podem ser divididas ao meio, incluindo os números.

Vamos dividir este pacote de biscoitos? Cada um de nós ficará com metade dele!

A lanchonete fica na metade do caminho para o parque!

Qual é a metade de 10?

A metade de 10 é 5!

Para encontrar a metade, dividimos ao meio, em duas partes iguais, ou seja, **dividimos por 2**.

ATIVIDADES

1 Juju participou de uma gincana de adivinhações. Ela respondeu 12 perguntas, mas acertou apenas metade delas. Quantas perguntas ela acertou?

---

2 Conte os objetos de cada caixa e escreva a quantidade no primeiro quadrinho. Depois, contorne metade dos objetos e registre a quantidade que você contornou no segundo quadrinho.

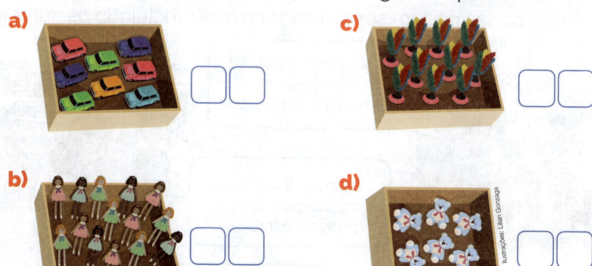

a)

c)

b)

d)

3 Pinte metade das figuras a seguir e complete as frases.

a)

A metade de _____ é _____.

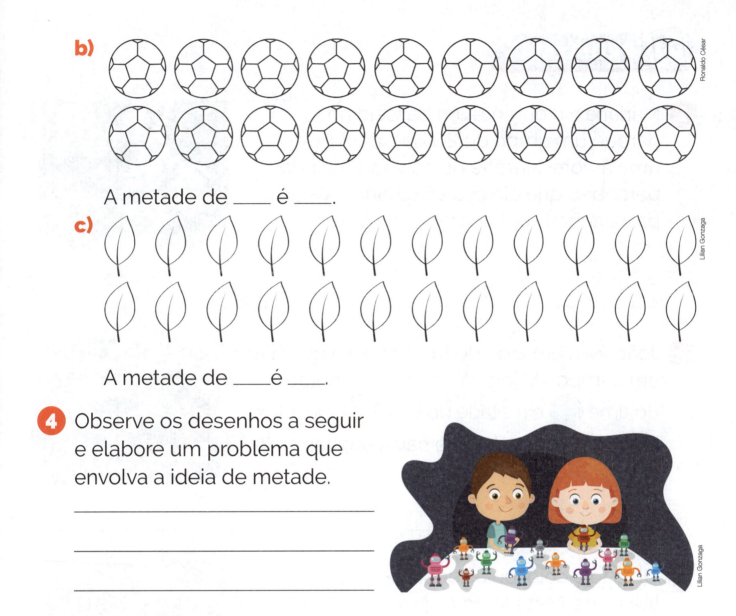

b)

A metade de ____ é ____.

c)

A metade de ____ é ____.

4 Observe os desenhos a seguir e elabore um problema que envolva a ideia de metade.

_____

_____

_____

_____

DESAFIO

1 Ramiro tinha 80 moedas de ouro e deu metade para seu irmão Josias. Josias deu metade das moedas que recebeu para Luzia, que deu metade do que recebeu para Antenor. Quantas moedas Antenor recebeu?

_____

1 Mariana viu durante um passeio no parque um grupo de 20 passarinhos em uma árvore. Metade deles voou quando percebeu que ela estava olhando. Quantos passarinhos continuaram na árvore?

2 João foi a um jogo de futebol e viu que havia, em campo, 22 jogadores, sendo metade do time  e metade do time . Quantos jogadores de cada time havia em campo?

3 Uma loja colocou à venda 52 livros de literatura. Metade deles já foi vendida. Quantos livros ainda restam?

4 Para decorar o salão de festas, Ernâni comprou 34 balões coloridos. Ele já pendurou metade. Quantos balões ainda faltam pendurar?

Dúzia e meia dúzia

As frutas estão agrupadas em caixas. Em cada caixa há 12 frutas.

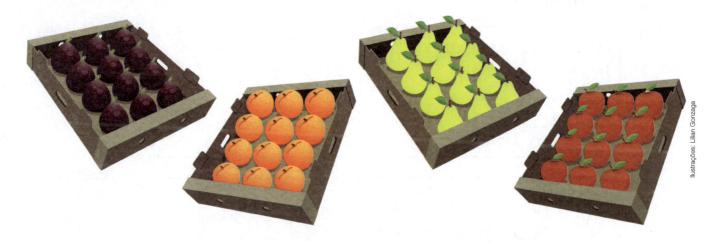

Ilustrações: Lilian Gonzaga

Quando agrupamos **12 unidades**, formamos **1 dúzia**.

Agora, observe estas caixas com a metade da quantidade de frutas:

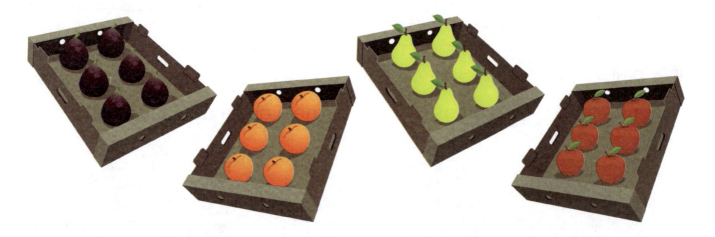

Em cada uma delas, há **meia dúzia** de frutas.

1 dúzia ⟶ 12 unidades
meia dúzia ⟶ 6 unidades

1 Desenhe até completar uma dúzia de cada item e depois pinte os objetos.

a)

Ilustrações: Ronaldo César

b)

c)

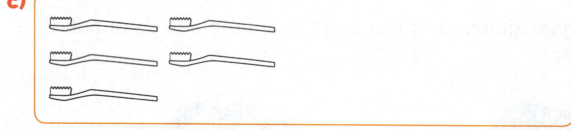

2 Pinte:

a) uma dúzia de ursos;

b) meia dúzia de cachorros.

Ilustrações: Eduardo Belmiro

3 Escreva quantas unidades faltam para completar meia dúzia.

a)

_____

b) _____

4 Complete:

Para completar uma dúzia	Para completar meia dúzia

a) Tenho 5, faltam ____.

b) Tenho 9, faltam ____.

c) Tenho 6, faltam ____.

d) Tenho 8, faltam ____.

e) Tenho 3, faltam ____.

f) Tenho 1, faltam ____.

g) Tenho 4, faltam ____.

h) Tenho 0, faltam ____.

5 Ligue:

| uma dúzia e meia |
| duas dúzias |
| meia dúzia |
| uma dúzia |

| 6 unidades |
| 12 unidades |
| 18 unidades |
| 24 unidades |

PESQUISANDO

1 Pesquise em um dicionário o significado da palavra **dúzia** e escreva, a seguir, o que você encontrou.

_____

_____

_____

1 O macaco Pirueta comeu meia dúzia de bananas. Quantas bananas ele ainda pode comer para completar uma dúzia?

BRINCANDO

1 Vamos fazer uma salada de frutas?

Ingredientes:
- 2 mamões;
- meia dúzia de laranjas;
- 1 dúzia de bananas;
- 2 maçãs;
- 1 abacaxi;
- 1 cacho de uvas;
- meia dúzia de peras;
- 1 lata de leite condensado.

Modo de fazer

1. Com a ajuda do professor, e usando uma faca sem ponta, corte as frutas em pedacinhos. Corte a laranja em pedaços menores do que as outras frutas. Assim, ela solta o caldo e as outras frutas não escurecem.
2. Coloque tudo em uma tigela funda, adicione o leite condensado e mexa por alguns segundos. Deixe na geladeira por 30 minutos.

Fica uma delícia!

Números ordinais

Você já percebeu que quase todos os dias precisamos entrar em alguma fila? Seja no supermercado, seja para participar de um jogo, temos de nos organizar em determinada ordem. Agora, veja a situação a seguir.

Maurício e os amigos vão ao cinema. Eles combinaram que a pessoa que chegasse primeiro ao local compraria os ingressos para o filme. A ordem em que eles chegaram foi:

7º	6º	5º	4º	3º	2º	1º
Paulo	Ana	Júlia	Maurício	Bia	Bruna	Pedro

A criança que chegou em **primeiro lugar (1º)** foi Pedro. Bia chegou em **terceiro lugar (3º)**. Já Paulo foi o último a chegar. Ele foi o **sétimo (7º)**.

E se você fosse ao cinema com os amigos de Maurício e chegasse depois de Paulo? Em que posição você estaria?

_____

Para indicar ordem, posição ou lugar, utilizamos os **números ordinais**.

Vamos conhecer os números ordinais até o 20º:

1º	primeiro	11º	décimo primeiro
2º	segundo	12º	décimo segundo
3º	terceiro	13º	décimo terceiro
4º	quarto	14º	décimo quarto
5º	quinto	15º	décimo quinto
6º	sexto	16º	décimo sexto
7º	sétimo	17º	décimo sétimo
8º	oitavo	18º	décimo oitavo
9º	nono	19º	décimo nono
10º	décimo	20º	vigésimo

ATIVIDADES

1 Contorne a atleta que está em 3º lugar na corrida.

Cláudia Marianno

2 Indique a posição de cada carrinho na pista usando um número ordinal. Veja o exemplo.

Cláudia Marianno

Cor	Posição	Por extenso
roxa	5º	quinto
amarela		
verde		
azul		
laranja		
vermelha		
rosa		

Agora, escreva as cores dos carrinhos em ordem crescente de acordo com a posição.

_____

3 Coloque a sequência abaixo em ordem crescente.

7º → 4º → 6º → 2º → 8º → 10º → 9º → 5º → 1º → 3º

_____

4 Observe as informações. Depois, identifique e escreva o nome de cada criança.

- Léo ocupa o 3º lugar.
- Hugo ocupa o 2º lugar e Bia ocupa o 4º lugar.
- Rui ocupa a 1ª posição.
- Ana chegou atrasada e ficou no último lugar da fila.

Marco Cortez

_____   _____   _____   _____   _____

PROBLEMAS

1 Leandro fotografou vários animais e montou um álbum. Veja as fotografias e depois responda às questões.

a) Que animais aparecem na 1ª fotografia? _____

b) As girafas aparecem em qual fotografia? _____

c) Que animais aparecem na 3ª fotografia? _____

d) Os leopardos aparecem em qual fotografia? _____

Números pares e números ímpares

Quando dividimos um número por 2 e não sobra resto, dizemos que esse número é **par**.

Observe as 10 crianças que foram ao carrinho de bate-bate. Elas se sentaram aos pares, de modo que ninguém ficou sozinho.

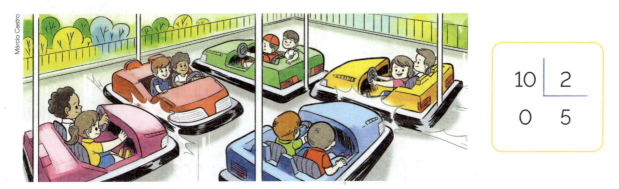

Como na divisão de 10 por 2 o resto é 0 (zero), dizemos que 10 é um **número par**.

Observe outros exemplos a seguir.

Na imagem, 4 crianças estão jogando pingue-pongue. Note que há 2 de cada lado das mesas e nenhuma está sem jogar.

O resto dessa divisão por 2 é **zero**; logo, o número 4 é par.

Um número é **par** quando o algarismo
das unidades é **0**, **2**, **4**, **6** ou **8**.

Para jogar, as crianças formaram duplas. Sobrou 1 menino.

Dizemos que 7 é um **número ímpar**, pois foram formadas 3 duplas e restou uma pessoa.

7	2
1	2

Como a divisão de 7 por 2 dá resto 1, dizemos que 7 é um número ímpar.

> Um número é **ímpar** quando o algarismo das unidades é **1**, **3**, **5**, **7** ou **9**.

ATIVIDADES

1 Na aula de Educação Física, o professor pediu que os alunos do 2º ano formassem duplas para fazer um exercício. Sabendo que a turma do 2º ano tem 24 alunos, responda:

a) Quantas duplas foram formadas? _____

b) Se algum aluno tivesse faltado nesse dia e houvesse apenas 23 alunos presentes, seria possível formar duplas nesse dia sem sobrar nenhum aluno sozinho? _____

c) O número 24 é par ou é ímpar? _____

d) O número 23 é par ou é ímpar? _____

2 Pinte os números pares de e os números ímpares de .

Cláudia Marianno

 PESQUISANDO

1 O corpo humano é formado por várias partes: ossos, pés, dedos, nariz e muitas outras. Pesquise em jornais, revistas e panfletos imagens que mostrem partes do corpo humano. Depois, escreva nos quadros a seguir partes que, geralmente, temos em números ímpares e partes que, geralmente, temos em números pares. Compare suas respostas com as dos colegas.

Pares

Exemplo: orelha = 2.

Ímpares

Exemplo: língua = 1.

137

Centena

Na aula de Matemática, a professora ensinou os alunos a formar centenas utilizando o Material Dourado. Inicialmente, os alunos foram organizados em 10 grupos, e cada grupo recebeu 10 cubos do Material Dourado. Veja os passos que eles seguiram para obter uma centena.

Para formar 1 dezena, cada grupo trocou os 10 cubos recebidos por uma barra.		=	
Agora, com as 10 barras que cada grupo formou, há 10 dezenas.			
As 10 dezenas podem ser trocadas por 1 placa do Material Dourado.		=	

1 placa do Material Dourado **equivale a 1 centena**

10 dezenas são **100 unidades**
100 unidades formam **1 centena**

Observe o número **100**. Ele é formado por 3 algarismos, e cada algarismo representa uma **ordem**. Veja como efetuamos as trocas:

3ª ordem	2ª ordem	1ª ordem
Centenas	Dezenas	Unidades
1 placa = 1 centena	10 barras = 10 dezenas	100 cubinhos = 100 unidades

138

1 Três grupos de alunos representaram o número 123 utilizando o Material Dourado. Veja:

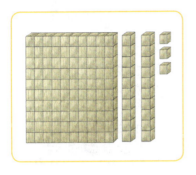 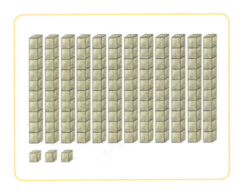 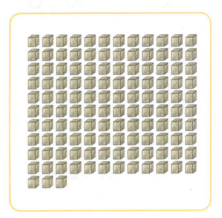

Em qual das três representações foram usadas mais peças? Por quê?

_____

_____

2 Siga o exemplo e complete:

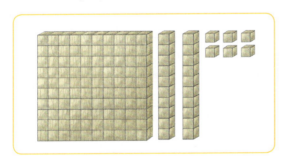 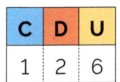

C	D	U
1	2	6

100 + 20 + 6   cento e vinte e seis

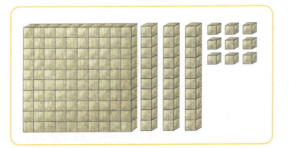

C	D	U
1	3	9

_____   _____

3 Efetue:

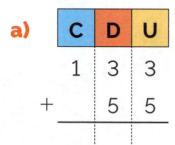

a)
C	D	U
1	3	3
+	5	5

c)
C	D	U
1	0	5
+	8	4

e)
C	D	U
1	9	7
−	3	5

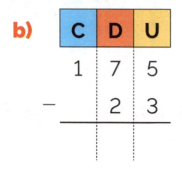

b)
C	D	U
1	7	5
−	2	3

d)
C	D	U
1	7	2
+	1	6

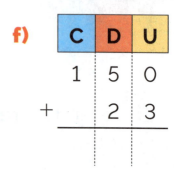

f)
C	D	U
1	5	0
+	2	3

4 Escreva como se leem os números a seguir.

a) 109 ⟶ _____

b) 146 ⟶ _____

c) 177 ⟶ _____

d) 195 ⟶ _____

5 Mara foi ao consultório médico e viu a seguinte placa:

Salas 300 a 305 ⟶
⟵ Salas 306 a 310

Para ir à sala 307, ela deve seguir:

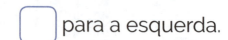

☐ para a direita.   ☐ para a esquerda.

Para ir à sala 302, ela deve seguir:

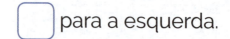

☐ para a direita.   ☐ para a esquerda.

Sequência numérica

A professora pediu aos alunos do 2º ano que escrevessem sequências de números. Artur escreveu:

A sequência de números que Artur escreveu começa com o número 253.

O próximo número é o 254, que é uma unidade maior do que 253.

Após o 254 ele escreveu o número 255, já que 254 + 1 é igual a 255.

Escreva o próximo número dessa sequência. _____

Agora, veja a sequência que Camila escreveu:

A sequência de números que Camila escreveu começa com o número 138.

O próximo número é o 137, que é uma unidade menor do que 138.

Após o 137 ela escreveu 136, já que 137 − 1 é igual a 136.

Escreva o próximo número da sequência de Camila: _____.

1 Complete o quadro com os números que faltam.

121	122								130
131				135					140
			144						150
151	152				156		158	159	
									170
						177			180
					186		188		
		193							200

2 Escreva o número que vem antes e o que vem depois dos números a seguir.

a) [ ] 175 [ ]   d) [ ] 158 [ ]

b) [ ] 199 [ ]   e) [ ] 124 [ ]

c) [ ] 101 [ ]   f) [ ] 117 [ ]

3 Escreva o número que falta em cada sequência.

a) 337, 338, _____, 340, 341

b) 112, 114, _____, 118, 120

c) 106, 107, _____, 109, 110

d) 420, 422, _____, 426, 428

e) 105, 110, _____, 120, 125

4 Organize os números a seguir formando uma sequência crescente:

35, 36, 37, 38, 39, 40, 41, 42

_____

Agora, organize os mesmos números formando uma sequência decrescente.

_____

5 Marta estava montando uma pulseira de bolinhas para dar de presente para sua amiga.

Cláudia Marianno

Pinte as bolinhas que faltam para completar a pulseira de Marta usando a mesma sequência de cores que ela usou.

6 Elabore uma sequência de números, escreva os 4 primeiros números e peça a um colega que descubra o 5º número dessa sequência.

_____

_____

Numeração romana

Na época da Roma Antiga, os romanos criaram um sistema de numeração em que os números eram representados por sete letras maiúsculas do alfabeto.

Os **números romanos** são usados na escrita dos séculos, na numeração de algumas partes dos artigos das leis e em outras várias situações. Veja a seguir algumas delas.

Em relógios.

Para nomear papas.
Papa Bento XVI.

Para indicar capítulos em livros.

Oba! Um quadro com **números romanos** para consultar.

1	I	6	VI	11	XI	16	XVI
2	II	7	VII	12	XII	17	XVII
3	III	8	VIII	13	XIII	18	XVIII
4	IV	9	IX	14	XIV	19	XIX
5	V	10	X	15	XV	20	XX

Quando o símbolo de maior valor vem antes, fazemos uma **adição**:

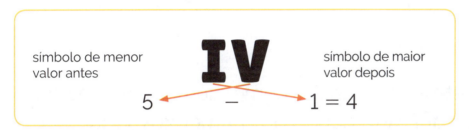

símbolo de maior valor antes

VI

símbolo de menor valor depois

5   +   1 = 6

Quando o símbolo de menor valor vem antes, fazemos uma **subtração**:

símbolo de menor valor antes

IV

símbolo de maior valor depois

5   −   1 = 4

Podemos ter uma adição e uma subtração de algarismos romanos para formar um mesmo número. Veja:

$$XXIX = 10 + 10 + 10 - 1 = 29$$

(!) SAIBA MAIS

No sistema de numeração romano, os algarismos **I** e **X** podem ser repetidos até três vezes. Veja alguns exemplos:

III	1 + 1 + 1 = 3
XVIII	10 + 5 + 1 + 1 + 1 = 18
XXX	10 + 10 + 10 = 30
XXXIII	10 + 10 + 10 + 1 + 1 + 1 = 33
XXXV	10 + 10 + 10 + 5 = 35

1 Represente os números com algarismos romanos.

a) 11 ▢   e) 15 ▢

b) 6 ▢   f) 10 ▢

c) 18 ▢   g) 12 ▢

d) 9 ▢   h) 20 ▢

2 Complete as sequências com o número romano que vem antes e com o que vem depois dos números a seguir.

a) ▢ IX ▢   e) ▢ X ▢

b) ▢ XVI ▢   f) ▢ XIII ▢

c) ▢ IV ▢   g) ▢ XIX ▢

d) ▢ VII ▢   h) ▢ XXXI ▢

3 Faça os cálculos e dê os resultados em números romanos.

a) $2 + 3 =$ ▢   f) $2 \times 4 =$ ▢   k) $4 - 2 =$ ▢

b) $5 + 4 =$ ▢   g) $3 \times 3 =$ ▢   l) $8 - 5 =$ ▢

c) $8 + 2 =$ ▢   h) $2 \times 7 =$ ▢   m) $10 \div 2 =$ ▢

d) $4 + 8 =$ ▢   i) $12 - 3 =$ ▢   n) $18 \div 3 =$ ▢

e) $2 \times 6 =$ ▢   j) $19 - 6 =$ ▢   o) $16 \div 4 =$ ▢

SISTEMA MONETÁRIO

Observe as cenas a seguir.

Eu quero 2 ingressos, por favor.

O total é de 20 reais.

Qual é o preço da cartela de ovos?

5 reais

Denis Cristo

Preciso pagar as contas de água, luz e telefone. Vou ter de tirar dinheiro da poupança...

Antigamente, para adquirir mercadorias, as pessoas faziam trocas entre elas. Atualmente, usamos o dinheiro para trocá-lo por mercadorias e serviços.

Cada país tem seu dinheiro.

O dinheiro usado no Brasil atualmente é o **real**.

O símbolo do real é **R$**.

Para valores menores que um real (R$ 1,00), usamos o **centavo**.

Veja a seguir as **moedas** e as **cédulas** do real.
Moedas:

Imagens: Banco Central do Brasil

Cédulas:

1 Observe os produtos a seguir e anote quanto você acha que cada um custa. Depois, pesquise o preço de cada produto e confira se seu palpite estava correto.

a)

Meu palpite: _____.

Quanto custa: _____.

b)

Meu palpite: _____.

Quanto custa: _____.

c)

Meu palpite: _____.

Quanto custa: _____.

d)

Meu palpite: _____.

Quanto custa: _____.

✏️ **ATIVIDADES**

1 Valquíria tem 100 reais e quer comprar uma jaqueta. Pinte a jaqueta que ela pode comprar com esse dinheiro.

a)

R$ 150,00

b)

R$ 129,00

c)

R$ 89,00

2 Observe a quantia que cada criança tem e escreva o valor conforme o exemplo.

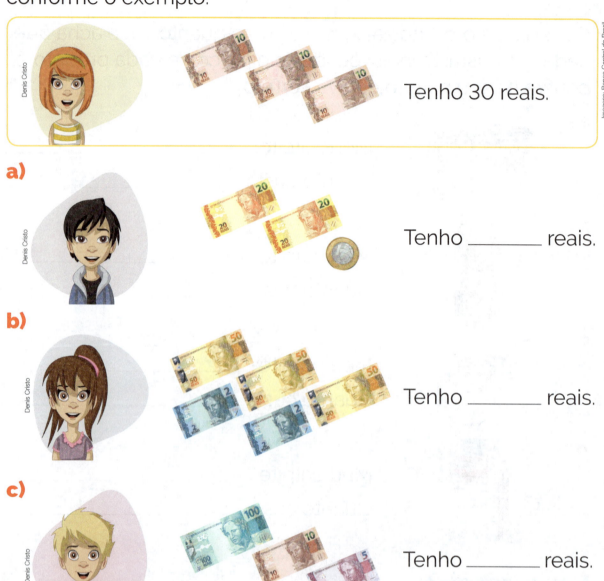

Tenho 30 reais.

a) Tenho _____ reais.

b) Tenho _____ reais.

c) Tenho _____ reais.

3 Contorne o objeto que podemos comprar com menos de .

a)

b)

c)

4 Vamos às compras! Escolha um par de tênis e contorne-o. Depois, observe quanto ele custa.

40 reais

50 reais

20 reais

30 reais

a) Agora risque as cédulas que você pode usar para pagar pelo tênis que escolheu.

b) Se você fosse pagar usando moedas de 1 real, de quantas moedas precisaria? Registre e depois conte para os colegas como você pensou.

_____

+2 1 PROBLEMAS

1 Ester precisa pagar uma conta de água no valor de 65 reais, mas ela só tem 54 reais. Quanto falta para ela pagar essa conta?

_____

2 Virgínia comprou 3 travesseiros pelo preço de 20 reais cada um. Quanto ela gastou?

_____

3 Veja a quantia que cada amigo economizou.

Maria	20 · 20 · 10
Juca	5 · 5 · 5
Aninha	50
Dudu	2 · 2 · 2 · 2 · 2 · 2 · moedas

a) Quanto Maria tem? _____

b) Quanto Juca tem? _____

c) Aninha tem a mesma quantia que qual amigo? _____

d) Dudu tem a mesma quantia que qual amigo? _____

4 Luiz tem a seguinte quantia:

Imagens: Banco Central do Brasil

Josias sugeriu trocar [50] com as notas de Luiz. O que você faria no lugar de Luiz?

5 Desenhe notas para representar os valores a seguir:

30 reais	10 reais

152

PEQUENO CIDADÃO

Macaco foi à feira

O macaco foi à feira
não tinha o que comprar.
Comprou uma cadeira
pra comadre se sentar.

A comadre se sentou,
a cadeira esborrachou.
Coitada da comadre,
foi parar no corredor.

Domínio público.

Cláudia Marianno

Usar o dinheiro de maneira consciente é muito importante. Antes de comprar algo, devemos pesquisar preços, verificar se temos a quantia necessária para pagar e refletir sobre a seguinte questão: Isso é algo que eu realmente necessito? Muitas vezes gastamos com coisas que apenas desejamos, mas que não são uma necessidade.

Converse com os colegas sobre a diferença entre precisar e desejar algo.

Faça duas listas. A primeira deve ser uma **Lista de necessidades**. Nela, você vai escrever dois produtos que são necessários no dia a dia. Na outra, faça uma **Lista de desejos** escrevendo dois produtos que você deseja, mas não necessita.

Lista de necessidades	Lista de desejos

153

BRINCANDO

1 Para jogar "quem tem dinheiro?", forme grupo com os colegas e siga as instruções abaixo.

1. Recortem as cédulas e moedas das **páginas 203** a **206**.

2. O professor escreverá um valor na lousa.

3. Cada grupo deve formar esse valor usando o menor número de cédulas e moedas possível.

4. O primeiro grupo que conseguir formar o valor levanta a mão e vai até a frente da sala.

5. O professor conferirá se está correto; se estiver, o grupo ganha 1 ponto.

6. Vence quem tiver mais pontos ao final de quatro rodadas.

Sólidos geométricos

Muitos objetos do nosso dia a dia têm forma parecida com **sólidos geométricos**. Observe a situação a seguir.

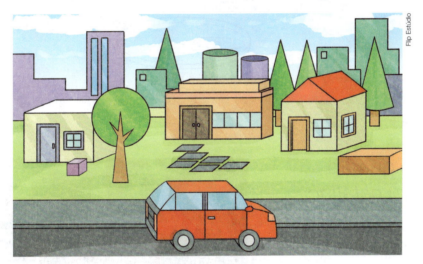

Flip Estúdio

Na situação apresentada, podemos identificar alguns sólidos geométricos. Vamos conhecer os nomes de alguns deles.

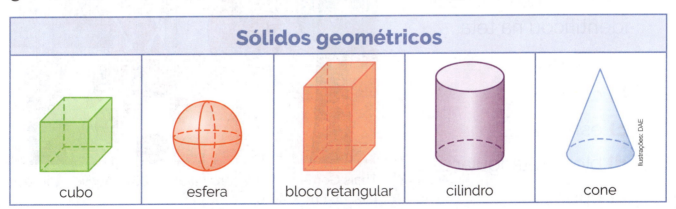

Sólidos geométricos				
cubo	esfera	bloco retangular	cilindro	cone

Ilustrações: DAE

ATIVIDADES

1 Pinte de ⬤ os objetos que têm a forma parecida com um cilindro; e de 🔵 os que têm a forma parecida com um cone.

a)

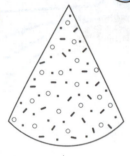

c)

e)

b)

d)

2 Observe o quadro *Mandacuru natalino*, da artista plástica Thaís Gomez. A seguir, escreva a quantidade de cada sólido geométrico que você identificou na tela.

a) cilindro ____

b) cone ____

c) esfera ____

d) bloco retangular ____

e) cubo ____

Thaís Gomez. *Mandacaru natalino*. 2011. Acrílico sobre tela, 46 cm × 40 cm.

1 Procure em jornais ou revistas imagens de objetos que lembram sólidos geométricos. Recorte-as, cole-as em uma folha à parte e escreva com qual sólido geométrico cada uma se parece.

1 Encontre no diagrama de palavras o nome dos sólidos geométricos a seguir. Pinte o sólido e o nome dele da mesma cor.

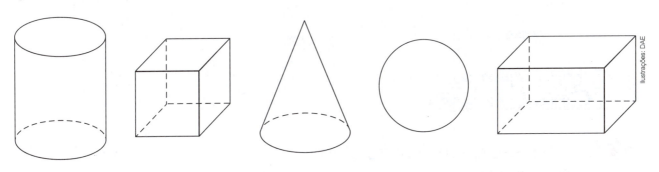

Ilustrações: DAE

C	I	N	D	A	R	G	H	U	L	D	S	Z	X	O	A
U	E	L	B	D	N	B	V	X	Q	Y	N	O	C	B	C
V	R	E	Í	C	O	N	E	X	S	T	O	F	A	E
R	K	A	Z	A	D	L	A	F	A	M	C	Y	M	N	M
Q	E	O	E	R	T	Y	U	Í	O	P	U	A	E	L	I
S	S	U	E	L	I	T	O	D	F	G	B	J	L	X	U
H	F	G	I	C	I	L	I	N	D	R	O	J	D	I	O
K	E	I	L	Z	X	C	V	B	N	M	Q	W	G	R	S
R	R	M	T	U	P	T	G	H	L	N	D	S	H	G	M
P	A	E	O	L	I	X	A	B	N	U	E	L	O	U	E
B	L	O	C	O		R	E	T	A	N	G	U	L	A	R

Figuras geométricas planas

Observe algumas figuras geométricas planas.

retângulo

triângulo

paralelogramo

quadrado

losango

círculo

1 Que figuras geométricas planas podemos observar na bandeira do Brasil? No quadro abaixo, desenhe a bandeira e escreva o nome de cada figura.

Você conhece o **Tangram**?

O Tangram é um divertido quebra-cabeça chinês formado por sete peças, que são, na verdade, figuras geométricas planas.

Com essas peças, podemos formar muitos desenhos. Veja alguns a seguir.

Ilustrações: DAE

1 Recorte as peças do Tangram que estão na **página 207** e monte uma figura no quadro abaixo.

Deslocamento

Veja os caminhos que Malu pode fazer para ir até a escola.

Se Malu seguir pelo **caminho 1**, ao sair de casa ela deverá virar à esquerda, caminhar por dois quarteirões, virar à direita e caminhar por um quarteirão para chegar à escola. Se ela decidir seguir pelo **caminho 2**, ao sair de casa deverá virar à esquerda, caminhar por um quarteirão, virar à direita, caminhar por um quarteirão, virar à esquerda, caminhar mais um quarteirão e virar à direita para entrar na escola.

Para descrever alguns deslocamentos, precisamos ter como referência o nosso corpo ou um objeto.

1 Observe a sala de aula do 2º ano e responda.

a) João, que está de boné **vermelho**, após se levantar e chegar próximo à lousa deve virar para qual lado se quiser ir até a porta?

☐ Lado direito   ☐ Lado esquerdo

b) Mariana, que está de laço **azul**, após se levantar e chegar na frente da sala deve seguir para qual lado se quiser falar com o professor?

☐ Lado direito   ☐ Lado esquerdo

c) Luiza, que está de laço **verde**, precisa pegar um caderno no armário. Ela deve fazer qual trajeto?

☐ Levantar-se da carteira, seguir até a frente da sala, virar à direita e ir em direção ao armário.

☐ Levantar-se da carteira, virar para a esquerda e seguir em frente.

☐ Levantar-se da carteira, seguir até a frente da sala e virar à esquerda, seguindo até o armário.

d) Descreva o trajeto de João até o cesto de lixo. Você pode escrever ou desenhar no espaço a seguir.

1 Faça um desenho da sua sala de aula e marque o seu lugar, a mesa do seu professor e a porta.

BRINCANDO

Vamos brincar de "caça ao tesouro"?

O professor vai organizar dois grupos na sala. Um grupo ficará responsável por esconder um objeto e desenhar um mapa do tesouro. O outro grupo deverá, usando o mapa, encontrar o objeto escondido.

Flip Estúdio

Depois, é a vez de outro grupo esconder o objeto e desenhar o mapa.

Ganha o grupo que desenhar o mapa da maneira mais completa.

MEDIDAS

Medida de tempo

Como podemos medir o tempo?

Podemos usar o relógio!

Ilustrações: Anderson Cássio

Há muitos modelos de relógios. Veja alguns a seguir.

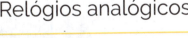

Relógios analógicos

Relógios digitais

Dragana Francuski/Shutterstock.com

Thanakorn Sisongkram/Shutterstock.com

vilax/Shutterstock.com

Anthony Berenyi/Shutterstock.com

Podemos medir o tempo também contando anos, meses, semanas ou dias. Para marcar essas medidas, usamos o calendário.

Os meses do ano são: janeiro, fevereiro, março, abril, maio, junho, julho, agosto, setembro, outubro, novembro e dezembro.

Os dias da semana são: domingo, segunda-feira, terça--feira, quarta-feira, quinta-feira, sexta-feira e sábado.

Responda às questões a seguir.

a) Um ano tem quantos meses? _____

b) Uma semana tem quantos dias? _____

 SAIBA MAIS

Relógio de Sol

O relógio de Sol marca as horas por meio da sombra formada quando a luz solar incide na haste.

Os primeiros **relógios de Sol** foram usados ainda na Pré-História. Eram apenas hastes fincadas no chão.

Relógio de Sol.

Nos relógios analógicos, o ponteiro pequeno indica as horas e o ponteiro grande, os minutos.

Quando o **ponteiro grande** aponta para o número **12**, o relógio marca a **hora exata**.

7 horas

12 horas

4 horas

 **ATIVIDADES**

1 Desenhe os ponteiros para marcar as horas indicadas.

a) 11 horas

c) 1 hora

e) 3 horas

b) 9 horas

d) 6 horas

f) 2 horas

2 Informe as horas que os relógios estão marcando.

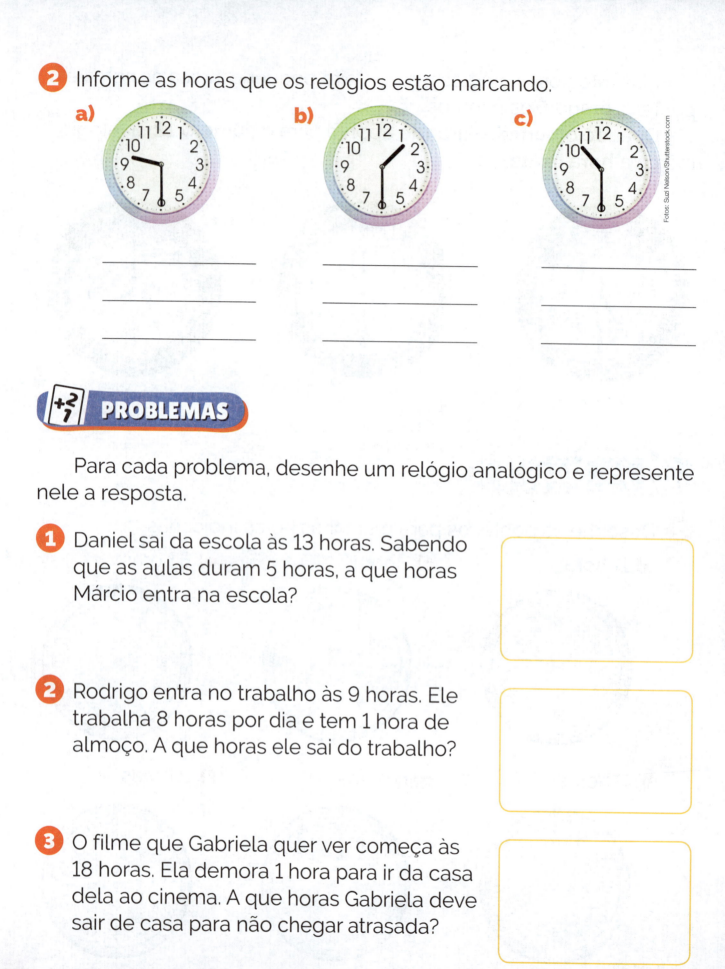

a)

b)

c)

_____

_____

_____

_____

_____

_____

_____

_____

_____

+2/1 PROBLEMAS

Para cada problema, desenhe um relógio analógico e represente nele a resposta.

1 Daniel sai da escola às 13 horas. Sabendo que as aulas duram 5 horas, a que horas Márcio entra na escola?

2 Rodrigo entra no trabalho às 9 horas. Ele trabalha 8 horas por dia e tem 1 hora de almoço. A que horas ele sai do trabalho?

3 O filme que Gabriela quer ver começa às 18 horas. Ela demora 1 hora para ir da casa dela ao cinema. A que horas Gabriela deve sair de casa para não chegar atrasada?

O ano, os meses, as semanas e os dias

Veja no quadro a seguir a ordem dos meses, o nome deles e a quantidade de dias de cada um.

Ordem dos meses	Mês	Quantidade de dias	Ordem dos meses	Mês	Quantidade de dias
1º	janeiro	31	7º	julho	31
2º	fevereiro	28 ou 29	8º	agosto	31
3º	março	31	9º	setembro	30
4º	abril	30	10º	outubro	31
5º	maio	31	11º	novembro	30
6º	junho	30	12º	dezembro	31

Um ano tem 12 meses ou 365 dias.

Fevereiro tem 29 dias de 4 em 4 anos.

O ano em que o mês de fevereiro tem 29 dias é chamado **bissexto**.

Bimestre são 2 meses.
Trimestre são 3 meses.

Semestre são 6 meses.
Uma semana tem 7 dias.

Veja no quadro a ordem e o nome dos dias da semana!

Márcio Castro

1º dia	domingo
2º dia	segunda-feira
3º dia	terça-feira
4º dia	quarta-feira
5º dia	quinta-feira
6º dia	sexta-feira
7º dia	sábado

Seu Acácio organiza o cardápio do almoço da semana em um quadro. Veja:

Domingo	macarronada
Segunda	bife
Terça	omelete
Quarta	feijoada
Quinta	macarronada
Sexta	peixe
Sábado	feijoada

Observando o calendário do mês de outubro, podemos afirmar, por exemplo, que dia 2 e dia 9 ele irá preparar feijoada; ou que dia 13 e dia 27 ele preparará omelete.

Agora, responda:

Qual será o prato preparado por Acácio no dia 14 de outubro?

☐ Macarronada.   ☐ Feijoada.   ☐ Omelete.

Após quantos dias ele irá preparar novamente esse prato?

☐ 1 dia   ☐ 3 dias

☐ 2 dias   ☐ 4 dias

ATIVIDADES

1 Luana faz aniversário em abril e Márcio faz aniversário 2 meses depois. Em qual mês é o aniversário de Marcio?

_____

2 Regina faz uma aula de dança todas as terças-feiras. Observe o calendário do mês de agosto de 2021 e responda: Quantas aulas de dança Regina fez em agosto?

Agosto						
Dom	Seg	Ter	Qua	Qui	Sex	Sáb
1	2	3	4	5	6	7
8	9	10	11	12	13	14
15	16	17	18	19	20	21
22	23	24	25	26	27	28
29	30	31				

Alejo Miranda/Shutterstock.com

_____

3 Complete o quadro a seguir com as atividades que você mais gosta de fazer em cada um dos dias da semana.

Segunda	Terça	Quarta	Quinta	Sexta	Sábado	Domingo

4 Consulte um calendário de 2021 e complete as lacunas a seguir.

Em 2021, eu faço aniversário no dia _____ do mês

de _____, que será no seguinte dia da semana:

_____.

5 Complete as frases.

a) O ano tem _____ meses.

b) O ano começa no mês de

_____.

c) _____ é o

último mês do ano.

d) _____

é o mês das mães e

_____ é o mês dos pais.

Outubro 2021

Dom	Seg	Ter	Qua	Qui	Sex	Sáb
					1	2
3	4	5	6	7	8	9
10	11	12	13	14	15	16
17	18	19	20	21	22	23
24	25	26	27	28	29	30
31						

3Dgenerator/Dreamstime.com

6 Complete as sequências com o nome do mês que vem antes e do que vem depois.

a) outubro _____ dezembro

b) maio _____ julho

c) janeiro _____ março

7 Qual dia da semana vem antes e qual vem depois?

a) sábado _____ segunda-feira

b) terça-feira _____ quinta-feira

c) sexta-feira _____ domingo

8 Escreva em ordem, os dias da semana.

1º ⟶ _____   5º ⟶ _____

2º ⟶ _____   6º ⟶ _____

3º ⟶ _____   7º ⟶ _____

4º ⟶ _____

Medida de comprimento

O metro

Qual é sua altura? E a de seus amigos?

Durante muito tempo, as pessoas usaram partes do corpo para medir comprimentos. Estas são as medidas mais conhecidas:

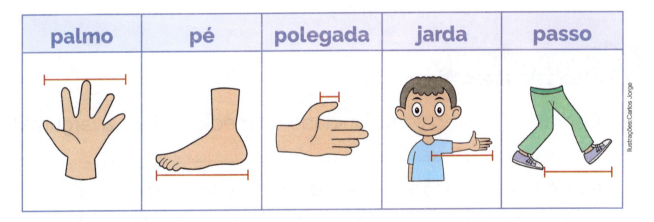

palmo	pé	polegada	jarda	passo

Ainda hoje algumas pessoas utilizam o próprio corpo como medida. Porém, isso sempre foi um problema. Como as partes do corpo de cada pessoa têm tamanhos diferentes, as medidas encontradas para um mesmo objeto não eram iguais. Para evitar isso, foi criada a unidade-padrão de medida chamada **metro**.

O símbolo do metro é **m**.

Com base no metro como unidade-padrão, alguns instrumentos de medida foram criados:

Régua.   Trena.   Fita métrica.   Metro articulado.

171

Você já usou algum desses instrumentos? Se sim, qual?

_____

O metro é dividido em **100 partes iguais**. Cada parte mede **1 centímetro**.

O símbolo do centímetro é **cm**.   Então: **1 m** = 100 cm

 **ATIVIDADES**

1 Usando seu palmo como unidade de medida, meça a largura de sua carteira. _____

- Compare a medida que você obteve com as medidas encontradas pelos colegas. Todos obtiveram o mesmo resultado? Explique por quê.

_____

2 Quanto mede cada lápis? Observe o desenho da régua para responder.

a)

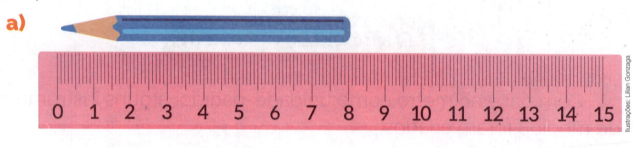

b)

Ilustrações: Lilian Gonzaga

3 Marque com um **X** os produtos que compramos por metro.

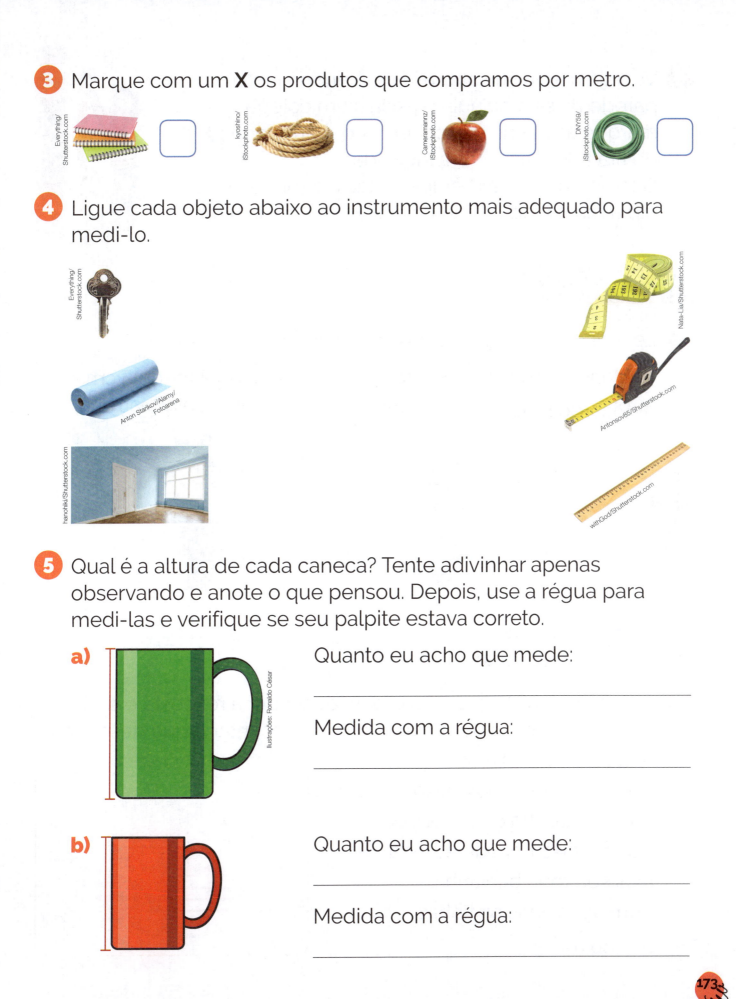

4 Ligue cada objeto abaixo ao instrumento mais adequado para medi-lo.

5 Qual é a altura de cada caneca? Tente adivinhar apenas observando e anote o que pensou. Depois, use a régua para medi-las e verifique se seu palpite estava correto.

a)

Quanto eu acho que mede:

_____

Medida com a régua:

_____

b)

Quanto eu acho que mede:

_____

Medida com a régua:

_____

6 Você já mediu sua altura? Fique em pé junto à parede da sala de aula e peça a um colega que marque acima de sua cabeça, com um pedaço de fita adesiva, a altura indicada.

Depois, com a fita métrica, meça a altura do chão até a marca feita e confira a medida de sua altura.

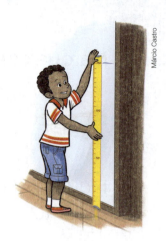

1 Leia as dicas a seguir para descobrir quem é quem.

- Manoel não é o mais alto.
- Ricardo mede mais de 140 cm.

- Manoel mede 5 cm a mais que Eduardo.

131 cm

_____

136 cm

_____

150 cm

_____

BRINCANDO

1 Quem sou eu? Leia as dicas para descobrir a resposta e depois faça um desenho bem bonito para representar o que descobriu.

Sou um baita animal.

Não passo nem por baixo do varal.

Sou a mais alta da bicharada.

Não preciso nem de escada.

Mas sou toda bonitinha.

Com as minhas pintinhas.

Eu sou a _____.

1 Em um rolo, havia 55 metros de rede de arame. Para cercar um muro, Renato gastou 14 metros. Quantos metros restaram?

2 Bianca bordou uma toalha de mesa que mede 1 metro e 50 centímetros de comprimento. No outro dia, ela bordou uma cortina que mede o dobro do comprimento da toalha. Quanto a cortina mede?

3 Para trocar a linha de pescar de uma carretilha, Júlio usou 12 metros de linha. Quantos metros ele usará para trocar a linha de 4 carretilhas iguais a essa?

Medida de capacidade

O litro

Para medir a quantidade de líquido que cabe em um recipiente, usamos uma unidade de medida chamada **litro**. O símbolo do litro é **L**.

Com o litro, medimos a quantidade de água, suco, leite, gasolina, álcool e outros líquidos.

ATIVIDADES

1 Pinte os produtos que compramos por litro.

AZEITE

Suco de Uva

Palmito

ÁGUA

CHÁ MATE

LEITE

CHOCOLATE

Ilustrações: Ronaldo César

■ Agora, escreva o nome de mais três produtos que podemos comprar por litro.

_____

2 Complete as frases.

1 litro tem ☐ meios litros

2 meios litros formam ☐ litro

3 Analise a imagem ao lado e responda às questões.

a) Quantos litros há ao todo nas garrafas?

_____

b) Em uma jarra cabem 3 litros de suco. De quantas jarras vou precisar para obter 15 litros?

_____

 **BRINCANDO**

1 Vamos fazer uma vitamina de frutas com suco de laranja?

Ingredientes:
- 2 litros de suco de laranja;
- meia dúzia de bananas;
- 2 fatias de melão;
- 2 mamões;
- meia dezena de cubos de gelo triturados.

Modo de fazer
1. Corte as frutas em pedaços pequenos.
2. Coloque o suco de laranja no liquidificador e vá juntando, aos poucos, as frutas e o gelo triturado.
3. Adoce a gosto.

Ilustrações: Ronaldo César

Lilian Gonzaga

1 Rafaela comprou um galão com 12 litros de suco de laranja. Ela quer distribuir essa quantidade igualmente em 3 jarras. Quantos litros de suco Rafaela deverá colocar em cada jarra?

2 Um aquário tem capacidade para 5 litros de água. Quantos litros de água cabem em 3 aquários como esse?

3 Em um supermercado, o preço da caixa de 1 litro de leite é 3 reais.

a) Quanto gastará uma pessoa que comprar 3 caixas?

b) Quantos litros de leite comprará uma pessoa que levar 5 caixas?

Medida de massa

O quilograma

Para medir a massa (ou o "peso") de um pacote de arroz, de um livro ou de uma pessoa, usamos o **quilograma**, mais conhecido como **quilo**.

A balança é o instrumento utilizado para "pesar" alimentos, objetos e pessoas. Existem vários tipos de balança. Veja alguns a seguir.

Balança de farmácia.

Balança caseira.

Balança para pesar alimentos.

Balança para pesar objetos.

Balança-gancho.

Balança para pesar bebês.

Balança de dois pratos.

> **1 quilograma** é igual a **1000 gramas**
> **Meio quilo** é igual a **500 gramas**.
> O símbolo do quilograma é **kg**.

Você já observou no supermercado que alguns alimentos são vendidos por quilograma? Exemplos:

arroz

feijão

açúcar

carne

cenoura

1 Marque com um **X** os produtos que compramos por quilograma.

2 Complete as frases.

a) Na fotografia, há _____ de café.

b) 2 meios quilos formam _____ quilo

c) 1 quilo tem _____ meios quilos

3 Quanto pesa esta torta?

_____

4 Ligue cada grupo de pacotes de açúcar a seu "peso".

um quilo e meio

dois quilos

1 Em uma caixa há 27 quilos de batata, e em um saco há 58 quilos de batata.

a) No saco há quantos quilos a mais do que na caixa?

_____

b) Quantos quilos de batata há no total?

_____

PESQUISANDO

1 Você já reparou que sempre estamos medindo as coisas?

Medimos a quantidade de alimentos, o tempo de nossas atividades, a distância entre lugares...

Pesquise em jornais, revistas e panfletos o que mais podemos medir. Depois, recorte e cole no quadro a seguir as medidas que você encontrou.

PROBABILIDADE E ESTATÍSTICA

Provável, improvável ou impossível

A mãe de Pedro estava com as mãos ocupadas e pediu que ele pegasse as chaves no bolso dela para abrir a porta.

Apenas uma das chaves abre a porta, mas havia 5 chaves muito parecidas.

Sem perguntar à mãe qual é a chave, é pouco provável, improvável ou impossível que ele consiga abrir a fechadura da porta na primeira tentativa?

Pode ser que Pedro consiga abrir a fechadura na primeira tentativa, mas é **pouco provável**, já que ele tem 5 chaves diferentes e apenas uma delas abrirá a porta.

1 Marcos sempre guarda moedas de 1 real em seu cofrinho. Ele já guardou 58 moedas de 1 real e 3 moedas de 50 centavos.

Flip Estúdio

Se Marcos resolver abrir seu cofrinho hoje, assinale o que pode acontecer se ele pegar uma moeda sem olhar.

☐ É muito provável que ele pegue uma moeda de 1 real.

☐ É muito provável que ele pegue uma moeda de 50 centavos.

☐ É impossível que ele pegue uma moeda de 25 centavos.

☐ É impossível que ele pegue uma moeda de 50 centavos.

☐ É pouco provável que ele pegue uma moeda de 10 centavos.

☐ É pouco provável que ele pegue uma moeda de 50 centavos.

2 Camila e Carlos estão brincando de tirar bolinhas coloridas de um globo de sorteio.

Qual é a cor da bolinha mais provável de uma das crianças retirar nas jogadas?

☐ Vermelha.   ☐ Azul.   ☐ Amarela.

Qual é a cor da bolinha menos provável de retirar em uma jogada?

☐ Vermelha.   ☐ Azul.   ☐ Amarela.

3 Pinte as bolinhas da caixa de maneira que seja muito provável retirar uma bolinha verde, pouco provável retirar uma bolinha laranja e impossível retirar uma bolinha preta.

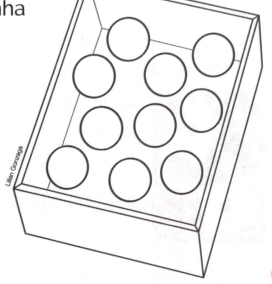

4 Complete as lacunas das frases com:

| É provável | É improvável | É impossível |

a) _____ que Marina defenda a bola no gol.

b) _____ que o Sol apareça agora.

c) _____ nascer um filhote de cachorro de um ovo de galinha.

d) _____ que passe um carro cor-de-rosa na rua se você olhar pela janela agora.

5 Janaina jogou dois dados. Escreva **pouco provável** ou **muito provável** para cada uma das situações.

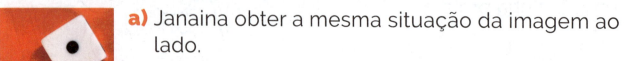

a) Janaina obter a mesma situação da imagem ao lado.

_____

b) Janaina somar entre 3 e 10 pontos com uma jogada.

_____

Você já jogou o jogo da velha?

Junte-se a um colega, e cada um escolhe uma figura, entre:

X e **O**

Feito isso, vocês irão, cada um na sua vez, desenhar entre os fios a figura escolhida.

O objetivo é formar uma linha, coluna ou diagonal com as mesmas figuras.

Vamos lá?

Anote algumas jogadas aqui, mas antes responda:

É provável, improvável ou impossível vencer esse jogo?

_____

Tabelas e gráficos

Samira fez uma pesquisa, com algumas pessoas que conhece, sobre seus esportes preferidos. Veja como ela organizou as informações.

Esporte preferido	Adultos	Crianças
Futebol	4	2
Natação	2	3
Skate	1	4

Veja o gráfico que ela fez.

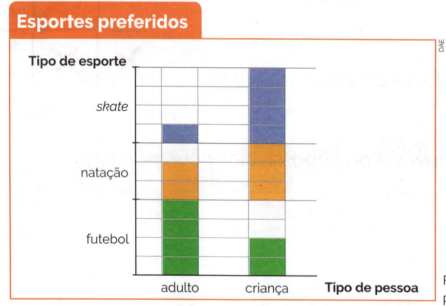

Fonte: Dados coletados por Samira.

Primeiro, Samira definiu 3 tipos de esporte.

Depois, as pessoas que participaram da pesquisa escolheram o preferido entre essas opções.

Samira organizou as respostas dos adultos e das crianças.

Participaram da pesquisa 7 adultos e 9 crianças, num total, então, de 16 pessoas.

ATIVIDADES

1 Observe novamente os dados da pesquisa de Samira e responda:

a) Quem prefere mais o futebol? Adultos ou crianças?

_____

b) Quem prefere mais o *skate*? _____

c) Quantas pessoas no total preferem a natação?

_____

2 Manoel fez uma pesquisa com duas turmas de 2º ano sobre qual lanche eles acham que deve ser vendido na cantina.

Veja como ele anotou os resultados da pesquisa e organize as respostas na tabela a seguir.

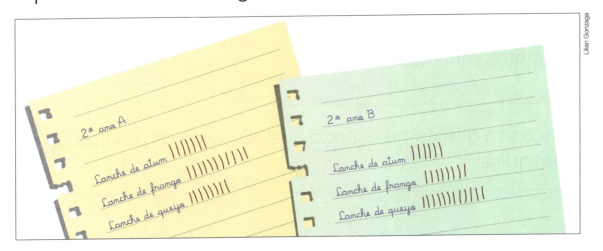

Lanche de	2º ano A	2º ano B
atum		
frango		
queijo		

a) Qual turma tem mais alunos? _____

b) Qual lanche recebeu mais votos? _____

189

3 Faça uma pesquisa com os colegas a respeito das comidas favoritas deles e anote os resultados na tabela a seguir.

Comida	Meninas	Meninos
pizza		
macarronada		
feijoada		
frango assado		

Agora, responda:

a) Quantas crianças participaram da pesquisa?

_____

b) Quantas meninas?

_____

c) Quantos meninos?

_____

d) Faça um gráfico no espaço a seguir com os resultados da pesquisa.

Consumo consciente

Você já parou para pensar como os produtos chegam às prateleiras? E já pensou como eles são produzidos?

Quando compramos um produto, devemos refletir sobre o impacto ambiental causado na natureza.

Impacto ambiental é qualquer alteração no meio ambiente que tenha como causa ações do ser humano. Esse impacto pode ter efeito positivo, quando traz melhorias ao meio ambiente, ou negativo, quando traz riscos ou prejuízo ao meio ambiente e/ou ao ser humano.

Para contribuir com a preservação do meio ambiente, além de ficarmos atentos aos tipos de recurso natural de que é feito o produto, podemos adotar hábitos de consumo consciente.

Não consumir café em copos de plástico.

CONSUMO CONSCIENTE

Comprar menos.

Comprar com uma lista.

Separar o lixo coletado.

Realizar trocas (reutilizar).

Exemplos de atitudes que contribuem para o consumo consciente.

1. Faça uma pesquisa com seus familiares e anote no caderno quais os cuidados tomados por eles em relação ao consumo de bens e aos recursos naturais.

BRINQUE MAIS

1 Efetue a adição dos pontos de cada peça de dominó e compare os resultados usando os símbolos <, = ou >. Veja o exemplo.

   3 < 5

1 + 2 = 3   3 + 2 = 5

a)

_____   _____

b)

_____   _____

Imagens: woe/Shutterstock.com

2 Escreva o número que vem antes e o que vem depois.

a) _____ 19 _____

b) _____ 51 _____

c) _____ 23 _____

d) _____ 45 _____

e) _____ 77 _____

f) _____ 36 _____

3 Represente os itens a seguir usando sentenças matemáticas.

a)

Dezenas	Unidades

Ilustrações: DAE

b)

Dezenas	Unidades

4 Tatiana e Eduardo estão jogando um jogo de tabuleiro com casas numeradas de 0 a 99. Faça as contas e complete as frases.

Estava na casa de número 20 e cheguei à 37, então andei

_____ casas. Agora quero chegar à casa 45, então

faltam _____ casas.

Estou na casa de número 38 e quero chegar à 53, então

faltam _____ casas. Nossa! Da 53 para a 99 faltam

_____. São muitas casas!

Moriz/Shutterstock.com

5 Ligue cada continha ao resultado correto e pinte da mesma cor aquelas que têm resultado igual.

60×3	
110×3	330
40×4	180
20×8	160
90×2	

6 Renan plantou mudas de rúcula em uma horta quadrada. Veja:

Lilian Gonzaga

Quantas mudas Renan plantou? _____

7 Marcela quer guardar 20 sabonetes em 4 caixas colocando a mesma quantidade em cada uma. Quantos sabonetes ela deve colocar em cada caixa? Agrupe contornando os sabonetes e depois ligue um grupo de sabonetes a cada caixa.

8 Complete as frases.

a) Dividindo 30 reais entre 6 pessoas, cada uma ficará com _____ reais.

b) Breno distribuiu 32 livros entre 4 prateleiras; então, cada prateleira ficou com _____ livros.

c) Os 22 jogadores se dividiram em 2 times com _____ jogadores cada.

d) Vitória organizou 36 lápis de cor em 3 estojos; logo, cada estojo ficou com _____ lápis cada.

e) Rodrigo ganhou 40 bombons, que distribuiu para seus 5 primos; então, cada primo ficou com _____ bombons.

9 Observe a cena abaixo. No quadro, anote a quantidade de cada objeto e assinale se o número obtido é par ou ímpar.

Márcio Castro

Objeto	Quantidade	Par	Ímpar
livro	7		
abajur	1		
chinelo	2		
carrinho	5		
boneca	4		

10 Complete as frases.

a) Para um lanche com os amigos, Magda comprou uma dezena de pães. Ao perceber que não era suficiente, comprou mais meia dezena. Portanto, Magda comprou _____ pães.

b) Gustavo tinha uma dúzia de carrinhos. Meia dúzia deles quebrou. Agora Gustavo tem _____ carrinhos.

11 Leve o cachorrinho até o pote de ração completando a sequência com números romanos de 3 em 3.

12 Complete o quadro escrevendo o nome dos meses do ano.

1º	janeiro	5º		9º	
2º		6º		10º	
3º		7º		11º	
4º		8º		12º	

13 Marque com um **X** a opção correta.

a) 1 ano tem:

☐ 10 meses   ☐ 11 meses   ☐ 12 meses

b) 1 semana tem:

☐ 7 dias   ☐ 8 dias   ☐ 5 dias

c) 1 bimestre tem:

☐ 1 mês   ☐ 2 meses   ☐ 3 meses

d) 1 semestre tem:

☐ 3 meses   ☐ 5 meses   ☐ 6 meses

14 Contorne de **azul** os produtos que compramos por quilo, de **vermelho** os que compramos por metro e de **amarelo** os que compramos por litro.

Márcio Castro

15 Pinte os cartões a seguir de maneira que seja:

- muito provável retirar um cartão azul;
- pouco provável retirar um cartão **verde**;
- improvável retirar um cartão amarelo;
- impossível retirar um cartão **vermelho**.

Lilian Gonzaga

16 Escolha 10 colegas para fazer uma pesquisa sobre qual esporte eles preferem.

a) Assinale um quadrinho para a escolha de cada aluno.

Futebol										
Voleibol										
Basquetebol										
Handebol										

b) Agora, vamos montar um gráfico! Recorte as bolas da **página 201**. Cole essas bolas conforme o número de votos que cada esporte recebeu.

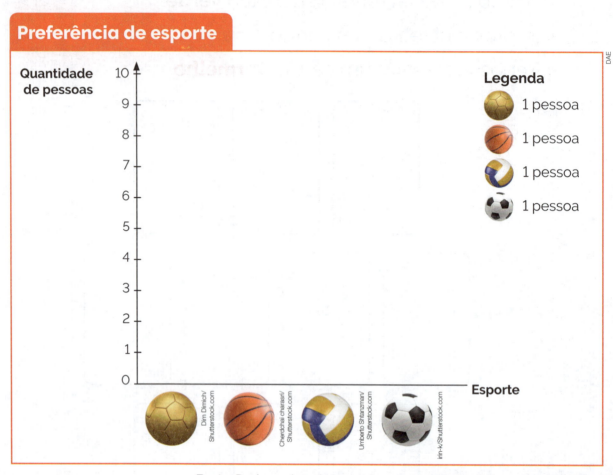

Preferência de esporte

Fonte: Dados coletados com base na pesquisa feita com os colegas.

c) Responda às questões.

■ Que esporte recebeu o maior número de votos? _____

■ Que esporte ficou em segundo lugar? _____

■ Que esporte recebeu o menor número de votos? _____

■ Algum esporte foi votado uma única vez? Qual? _____

■ Ocorreu empate? _____

■ Quantos votos recebeu o esporte preferido por você? _____

■ Quantos alunos participaram da pesquisa? _____

ENCARTES

Recorte as cartas a seguir para jogar "memória dourada", da **página 52**.

5	13	20	39	48
54	61	75	86	99

Recorte as bolas a seguir para montar o gráfico da **página 200**.

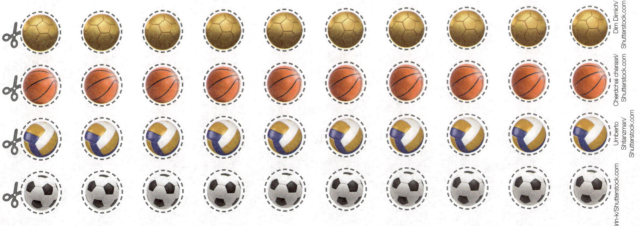

Recorte as cédulas e moedas para fazer a atividade da **página 154**.

Fotos: Banco Central do Brasil

Recorte as peças do Tangram para fazer a atividade da **página 159**.

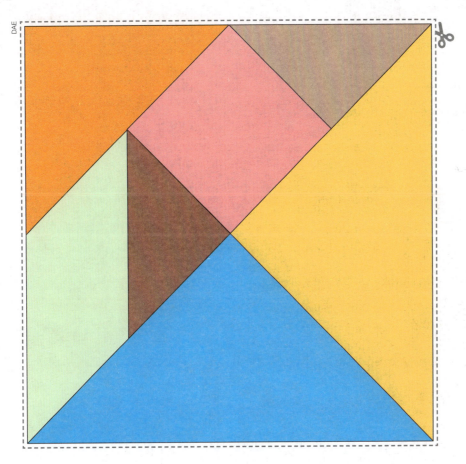